吸収合併の実務

―中小企業間合併の法務を基本から―

石田 健悟 著

発行 テイハン

　筆者も、会社経営者個人の相続対策の相談を受けていたところ、話が広がって、会社の吸収合併の手続の依頼を受けたこともあります。会社・法人登記やM＆Aを専門とする専門職でなくても、日々の業務の延長で受任し得る業務なので、本書を御一読いただくことで少しでも多くの専門職にとって吸収合併の実務が身近なものとなりましたら幸いです。

はじめに

　本書においては、中小企業間合併の法務に関する実務論点を取り上げま

　筆者は、司法書士として、資産承継や事業承継を専門分野としています
社経営者から、いわゆる「老い支度」の相談を受ける中で、相談者の経営
複数の会社や事業を後継者に承継させるために、今のうちに、会社や事業
合したり、分割したりして整理しておきたい、という意向を伺うことがあ
す。

　司法書士はその際、主に、新会社の設立、休眠事業の清算、事業譲渡、
者に対する株式譲渡、拒否権付種類株式等の活用を踏まえた種類株式の設
吸収合併や吸収分割等の手続により、事業承継の基盤を作ることになりま
その前提として、株主（持分会社においては社員）や会社に帰属している
の整理に取り組まなければならないこともあり、それには多くの月日を要
場合があります。そのため、吸収合併の手続に本格的に着手するまでに何
かかるようなことがあります。

　本書で取り上げる吸収合併は、会社や事業の規模に関わらず、それらを
するために幅広く活用することができるものです。「合併」という言葉の
ージから、とても複雑で難しい手続が必要になると委縮してしまい、受任
極的な司法書士等の専門職も多いと思われます。また、合併をするのはあ
度の規模の大きな会社間のことだという先入観から、個人経営や親族経営
細な会社においては、吸収合併を事業承継策の選択肢から外してしまって
専門職も多いのではないでしょうか。

　確かに、吸収合併の手続はやや複雑で検討事項も多い業務ですが、一つ
の手続は、それほど難しいものではありません。しっかりと日程表を組み、
の日程に沿って漏れなく手続を積み重ねていくことで、対応できるものと思
れます。

目　次

第2章　吸収合併の実務

巻 末 資 料

第1章

吸収合併の基本的な仕組み

1　意　義

　吸収合併とは、会社が他の会社とする合併であって、合併により消滅する会社（以下、「消滅会社」といいます。）の権利義務の全部を合併後存続する会社（以下、「存続会社」といいます。）に包括的に承継させるものをいいます（会社法 2 条27号）。

　吸収合併には、存続会社と消滅会社が、全くの第三者同士であるときに事業の支配取得を目的とするものと、既に特定の人や会社に支配されている兄弟会社間や親子会社間等であるように共通支配下関係における会社間の事業再編を目的とするものがあります。実務上、吸収合併のほとんどが後者の共通支配下関係にある会社間で行われています。

2　支配取得と共通支配下関係

⑴　支配取得

　　支配取得とは、「会社が他の会社（当該会社と当該他の会社が共通支配下関係にある場合における当該他の会社を除く。以下この号において同じ。）又は当該他の会社の事業に対する支配を得ること」をいいます（会社計算規則 2 条 3 項35号）。支配取得の場合、存続会社は、消滅会社の事業財産を時価で受け入れることになります。

⑵　共通支配下関係

　　共通支配下関係とは、「 2 以上の者（人格のないものを含む。以下この号において同じ。）が同一の者に支配（一時的な支配を除く。以下この号において同じ。）をされている場合又は 2 以上の者のうちの 1 の者が他の全ての者を支配している場合における当該 2 以上の者に係る関係」をいいます（会社会計規則 2 条 3 項36号）。親子会社間、兄弟会社間に限らず、孫会社も親会社に支配されているので、親孫会社間、子孫会社間、孫会社間の吸収合併も共通支配下関係における同一企業グループ間の合併といえます。共通支配下関係の場合、存続会社は、消滅会社の事業財産を簿価で

> **コラム** 吸収型組織再編と新設型組織再編
>
> 　吸収合併、新設合併、吸収分割、新設分割、株式交換及び株式移転を狭義の組織再編といいます（それに組織変更を含めて広義の組織変更といいます。）。
>
> 　組織再編は、既存の会社関係で行われる吸収型組織再編（吸収合併、吸収分割及び株式交換）と新会社との関係で行われる新設型組織再編（新設合併、新設分割、株式移転）があり、これらの組織再編の中では、吸収合併が最も多く活用されています。
>
> 〈組織再編の種類と概要〉
>
> | | |
> |---|---|
> | 吸収合併 | 会社が他の会社とする合併であって、合併により消滅する会社の権利義務の全部を合併後存続する会社に承継させるもの（会社法2条27号） |
> | 新設合併 | 2以上の会社がする合併であって、合併により消滅する会社の権利義務の全部を合併により設立する会社に承継させるもの（会社法2条28号） |
> | 吸収分割 | 株式会社又は合同会社がその事業に関して有する権利義務の全部又は一部を分割後他の会社に承継させること（会社法2条29号） |
> | 新設分割 | 1又は2以上の株式会社又は合同会社がその事業に関して有する権利義務の全部又は一部を分割により設立する会社に承継させること（会社法2条30号） |
> | 株式交換 | 株式会社がその発行済株式の全部を他の株式会社又は合同会社に取得させること（会社法2条31号） |
> | 株式移転 | 1又は2以上の株式会社がその発行済株式の全部を新たに設立する株式会社に取得させること（会社法2条32号） |
> | 組織変更 | 株式会社がその組織を変更することにより合名会社、合資会社又は合同会社となること、もしくは合名会社、合資会社又は合同会社がその組織を変更することにより株式会社となること（会社法2条26号） |

受け入れることになります。

コラム　簿価取得

　合併の当事会社が、共通支配下関係である場合以外でも、逆取得（存続会社が、議決権のある株式を交付するものの、企業結合会計基準上、消滅会社が、取得企業に該当し、存続会社が被取得企業に該当するケース）や共同支配企業の形成（合弁会社を設立するときのように、両当事会社を支配者とするケース）の場合も存続会社は、消滅会社の事業財産を簿価で受け入れることになります。

3　存続会社と消滅会社

　吸収合併は、①存続会社と消滅会社がともに株式会社であるもの、②同じくともに持分会社であるもの（例えば、(i)存続会社を合資会社、消滅会社を合名会社とするもの、(ii)存続会社と消滅会社をともに合同会社とするもの）、③存続会社と消滅会社の一方が株式会社で他方が持分会社であるもの（例えば、(i)存続会社を株式会社、消滅会社を合資会社とするもの、(ii)存続会社を合同会社、消滅会社を株式会社とするもの）というように、様々な会社間で行うことができます（消滅会社が債務超過状態でも問題なく吸収合併をすることができます。）。

　ただし、特例有限会社と清算株式会社は、消滅会社になることはできますが、存続会社になることはできません（特例有限会社について、会社法の施行に伴う関係法律の整備等に関する法律（平成17年法律第87号、以下、「整備法」といいます。）37条、清算株式会社について、会社法474条1号）。

4　債務超過会社の吸収合併

　存続会社と消滅会社のいずれか、又は、その双方を債務超過会社とする吸収合併もすることができます。旧法下においては債務超過状態の消滅会社との吸収合併は原則的に認められていませんでした（昭和56年9月26日民四第5707号

民事局第四課長回答）。しかし、債務超過の状態であっても、高い企業価値を有する会社は多く、また、吸収合併の手続の中で、債権者保護手続が行われることもあり、債務超過会社であることが合併の当事会社の適格に影響することは相当でないため、そのような状態の会社であっても問題なく吸収合併を行うことができます。

5　2社以上を消滅会社とする吸収合併

　吸収合併は、1社の消滅会社と存続会社（1社）の二当事者間で行うものに限らず、2社以上の消滅会社と存続会社（1社）との間で行うこともできます。

　ただし、会社法においては、吸収合併は、単一の存続会社と単一の消滅会社との間で行われるものと整理されているため（会社法2条27号、749条参照）、それらを1つの吸収合併契約書に記載したとしても、吸収合併は、法的には消滅会社ごとに各別のものと考えることになります（そのため、契約書には、各々の吸収合併契約の必要的記載事項が記載されている必要があります。）。仮に、契約書中の1つの吸収合併の効力が生じない場合でも、他の吸収合併の効力が生じ得るため、すべての吸収合併の効力を生じさせることに意味があり、一部の吸収合併の効力が生じないときに、他の吸収合併の効力を生じさせないことにする場合は、その旨を契約書中に定める必要があります。

6　吸収合併の効果

　存続会社は、吸収合併契約書で定めた吸収合併の効力発生日に、消滅会社の権利義務を包括承継します（会社法750条1項）。

(1)　権利義務の包括承継

　　存続会社は、吸収合併の効力発生日に、消滅会社の資産、負債、従業員との雇用関係、取引先や周辺事業者の契約関係等の権利義務を包括的に承継します（会社法750条1項）。権利義務は、消滅会社が認識しているものか否かを問わず包括承継されるので、存続会社は合併前に負債等を徹底的に調査する必要があります。

　一方、消滅会社の役員、定款規定、会社の組織形態、資本金、準備金等は、権利義務ではないので存続会社に承継されません。また、消滅会社が有していた許認可等は、吸収合併によって当然に存続会社に承継されるとは限りません（承継されない許認可の方が多いように思います。）。そのため、許認可の根拠法令により、個別の判断が必要となります。

(2)　消滅会社の消滅

　消滅会社は、吸収合併の効力発生日に、権利義務の全部を存続会社に承継させて、清算の手続を経ずに解散し消滅します。

(3)　対価の交付

　無対価合併の場合を除き、消滅会社の株主又は社員は、吸収合併の効力発生日に、存続会社から合併対価の交付を受けます。吸収合併契約は、存続会社と消滅会社において締結しますが、効力発生日には、消滅会社は解散し消滅しているため、消滅会社の株主又は社員が対価を取得するという仕組みになっています。

ア　対価を受ける者

　合併対価は、消滅会社の株主又は社員に対して交付されますが、①存続会社が有する消滅会社（株式会社）の株式と消滅会社（株式会社）が有する消滅会社の株式（自己株式）、②存続会社が消滅会社（持分会社）の社員である場合に消滅会社に対して有する持分については対価の交付はなされません。

イ　対価の種類

　会社法では、対価が柔軟化されたことにより、対価は、存続会社が株式会社の場合、存続会社の株式（自己株式や合併により新たに発行するとした株式）、現金、社債、新株予約権、新株予約権付社債その他財産（存続会社が保有する親会社株式や子会社株式を含む。）が認められています。すなわち、消滅会社の株主又は社員は、吸収合併の効力発生日に、吸収合併契約の定めに従って、合併対価が存続会社の①株式の場合は、当該株式の株主となり、②社債（新株予約権付社債を除く。）の場合は、

当該社債の社債権者となり、③新株予約権（新株予約権付社債に付されたものを除く。）の場合は、当該新株予約権の新株予約権者となり、④新株予約権付社債の場合、当該新株予約権付社債の社債権者及び当該新株予約権付社債に付された新株予約権の新株予約権者となります（会社法750条3項）。

　また、存続会社が持分会社の場合、対価は、存続会社の持分、社債その他の財産が認められています。すなわち、消滅会社の株主又は社員は、吸収合併の効力発生日に、吸収合併契約の定めに従って、合併対価が存続会社の①持分の場合は、当該存続会社の社員となり（会社法752条3項）、②社債の場合は、当該社債の社債権者となります（同条4項）。

ウ　無対価合併

　存続会社が株式会社の場合の吸収合併契約における合併対価の交付についての事項を定める会社法749条1項2号が、「吸収合併存続株式会社が吸収合併に際して株式会社である吸収合併消滅会社（以下この編において『吸収合併消滅株式会社』という。）の株主又は持分会社である吸収合併消滅会社（以下この編において『吸収合併消滅持分会社』という。）の社員に対してその株式又は持分に代わる金銭等を交付するときは、当該金銭等についての次に掲げる事項」（下線は筆者による。）としており、また、存続会社が持分会社の場合の吸収合併契約における合併対価の交付についての事項を定める会社法751条1項3号が「吸収合併存続持分会社が吸収合併に際して吸収合併消滅株式会社の株主又は吸収合併消滅持分会社の社員に対してその株式又は持分に代わる金銭等（吸収合併存続持分会社の持分を除く。）を交付するときは、当該金銭等についての次に掲げる事項」（下線は筆者による。）としていることから、吸収合併をする際に合併対価を交付しないことも認められているといえます。

　完全親会社が存続会社となって完全子会社を合併する場合（この場合は、存続会社が株式会社の場合の会社法749条1項3号カッコ書及び存

続会社が持分会社の場合の会社法751条1項4号カッコ書により必ず無対価となります。）、完全子会社同士（兄弟会社）が合併する場合や債務超過会社を消滅会社として合併する場合等に無対価合併が行われています。

エ　三角合併

　三角合併とは、消滅会社の株主又は社員に対して、合併対価として、存続会社の株式ではなく、存続会社の親会社の株式を割当てる合併のことをいいます。子会社の親会社株式の取得については、一定の制約がありますが（会社法135条2項）、この三角合併によって、存続会社（子会社）がその親会社株式を合併対価として交付する場合には、存続会社は、吸収合併に際して消滅会社の株主又は社員に対して交付する親会社株式の総数を超えない範囲において、その親会社株式を取得することができます（会社法800条1項）。

オ　株主資本等変動額

　吸収合併の対価として、消滅会社の株主又は社員に対し、存続会社の株式（自己株式又は新株式）又は持分を交付すると、募集株式の発行等と同様に、存続会社の株主資本に変動が生じます。この変動額を「株主資本等変動額」といいます。

　募集株式の発行は、会社の資金調達を目的とするため、資本金と資本準備金への計上に限られる「資本金等増加限度額」を用いますが、吸収合併においては資金調達が目的というわけでもなく、資本金や資本準備金が増加するとは限らないため、「株主資本等変動額」を用います。

カ　消滅会社の新株予約権者に対する対価の交付

　株式会社である消滅会社が、新株予約権を発行している場合、存続会社は、消滅会社の新株予約権者に対して、存続会社が株式会社のときは、存続会社の新株予約権又は金銭を（会社法749条1項4号）、存続会社が持分会社のときは金銭を（会社法751条1項5号）交付することができます。

> **コラム**　労働契約の承継
>
> 　吸収合併が行われる場合、消滅会社の労働者の労働契約はそのままの内容で存続会社に承継されます。吸収合併の効力が発生しても、存続会社の既存の労働者との労働条件と、消滅会社から入社した労働者との労働条件が自動的に統一されることはありません。しかし、労働条件が不統一のままだと、同一労働をしているにも関わらず、就業時間、給与や各種手当、退職金等の条件に差が生じ、労働者の勤労意欲や団結力の低下等の悪影響が生じるおそれがあります。
>
> 　そのため、労働条件は統一される必要があります。実務上は、存続会社又は消滅会社のどちらかの労働条件に統一することが多いです。統一するためには、まず労働者の個別同意を得ることにより、労働条件を変更することを検討します（労働契約法8条）。ただし、労働条件を変更すべき労働者が多い場合は、個別同意を得るのは現実的でないため、就業規則を変更する方法によることを検討します。この場合は、就業規則の変更が合理的なものである必要があり、具体的には、①労働者の受ける不利益の程度、②労働条件の変更の必要性、③変更後の就業規則の内容の相当性、④労働組合等との交渉の状況、⑤その他就業規則の変更にかかる事情等を考慮して、合理性の有無が判断されることになります。

7　手続の概要

　吸収合併の内容は、存続会社及び消滅会社の代表者間で締結する吸収合併契約により定まりますが、それが効力を生じるためには、次のとおりのことを経る必要があります（手続の詳細は第2章にて解説します。）。

① 　存続会社及び消滅会社（ともに株式会社）における事前開示手続

② 　存続会社及び消滅会社における株主総会の決議や総社員の同意等による合併の承認

③ 　存続会社及び消滅会社（ともに株式会社）の反対株主の株式買取手続

④　消滅会社（株式会社）の新株予約権者の新株予約権買取手続

⑤　存続会社及び消滅会社の債権者に対する債権者保護手続

⑥　消滅会社（株式会社）の株券提出公告手続・新株予約権証券提出公告手続

⑦　消滅会社（株式会社）の登録株式質権者・登録新株予約権質権者に対する通知又は公告手続

⑧　合併による存続会社の変更登記と消滅会社の解散登記、存続会社（株式会社）の事後開示手続　等

　手続に瑕疵がある場合は、差止めの請求をされてしまうことがありますし、効力が発生しても合併無効の訴えを提起され、合併の効力が無効になってしまうこともあります。そのため、吸収合併の手続は、法令を遵守し、適法に行われる必要があります。

8　簡易吸収合併と略式吸収合併

　株式会社における吸収合併契約の承認は、原則として株主総会の特別決議により行います。しかし、小規模企業を吸収合併するときや同一の企業グループ内で吸収合併するときにおいても、株主総会の開催を必要とすると機動的に吸収合併の手続をすることができません。そこで、会社法上は、簡易吸収合併と略式吸収合併の制度を設け、個別の会社ごとにこれらの要件を判断し、それを満たす場合は、株主総会の決議における吸収合併契約の承認を経ず、取締役会設置会社においては取締役会、取締役会非設置会社においては取締役の決定（取締役が複数いるときは取締役の過半数の一致）により、吸収合併契約の承認をすることができます。

　なお、持分会社においては、会社法上、簡易吸収合併及び略式吸収合併の制度は認められていません。

(1)　簡易吸収合併

　簡易吸収合併は、合併対価として交付する①存続会社の株式の数に一株当たり純資産額を乗じて得た額、②存続会社の社債、新株予約権又は新株

予約権付社債の帳簿価額の合計額、③その他の財産の帳簿価額の合計額等の会社法施行規則196条の規定により定まる額に対する割合が5分の1（これを下回る割合を存続会社の定款で定めた場合にあっては、その割合）を超えない場合に行うことができます（会社法796条2項本文）。

ただし、次の場合には、簡易吸収合併を行うことはできず、原則通り株主総会の決議によって吸収合併契約を承認する必要があります。

① 存続会社の承継債務額が承継資産額を超える場合（消滅会社が債務超過の状態であり、吸収合併によって合併差損が生じる場合及び合併により存続会社の有する消滅会社の株式が消滅することで存続会社の純資産額が減少する場合）（会社法796条2項但書、795条2項1号）

② 合併対価（存続会社の株式等を除く。）の帳簿価額が承継資産額から承継債務額を控除して得た額を超える場合（消滅会社の価値を上回る合併対価を交付することで、合併差損が生じる場合）（会社法796条2項但書、795条2項2号）

③ 消滅会社の株主又は社員に対して交付する合併対価の全部又は一部が株式会社である存続会社の譲渡制限株式である場合であって、存続会社が非公開会社である場合（会社法796条2項但書、同条1項但書。非公開会社が募集株式を発行する場合に、株主総会の決議が必要とされているためです。）

④ 会社法施行規則197条で定める株式の数（※）（吸収合併契約の承認決議をする株主総会において議決権を行使することができるものに限る。）を有する株主が株式買取請求の前提となる通知（会社法797条3項）又はそれに代わる公告（同条4項）の日から2週間以内に吸収合併に反対する旨を存続会社に対し通知した場合（会社法796条3項）

（※）会社法施行規則197条で定める株式の数

会社法施行規則197条で定める株式の数は、次の数のうちいずれか小さい数とされています。

1 特定株式（会社法796条3項に規定する行為に係る株主総会において議決権を行使することができることを内容とする株式をいいます。）の総数に2分の1（当該株主総会

の決議が成立するための要件として当該特定株式の議決権の総数の一定の割合以上の議決権を有する株主が出席しなければならない旨の定款の定めがある場合にあっては、当該一定の割合）を乗じて得た数に3分の1（当該株主総会の決議が成立するための要件として当該株主総会に出席した当該特定株主の有する議決権の総数の一定の割合以上の多数が賛成しなければならない旨の定款の定めがある場合にあっては、1から当該一定の割合を減じて得た割合）を乗じて得た数に1を加えた数

2　会社法796条3項に規定する行為に係る決議が成立するための要件として一定の数以上の特定株主の賛成を要する旨の定款の定めがある場合において、特定株主の総数から株式会社に対して当該行為に反対する旨の通知をした特定株主の数を減じて得た数が当該一定の数未満となるときにおける当該行為に反対する旨の通知をした特定株主の有する特定株式の数

3　会社法796条3項に規定する行為に係る決議が成立するための要件として1及び2の定款の定め以外の定款の定めがある場合において、当該行為に反対する旨の通知をした特定株主の全部が同項に規定する株主総会において反対したとすれば当該決議が成立しないときは、当該行為に反対する旨の通知をした特定株主の有する特定株式の数

4　定款で定めた数

(2)　略式吸収合併

　　略式吸収合併とは、特別支配会社（ある株式会社の総株主の議決権の10分の9（これを上回る割合を当該株式会社の定款で定めた場合にあっては、その割合）以上を他の会社及び当該他の会社が発行済株式の全部を有する株式会社その他これに準ずるものとして会社法施行規則136条1項で定める法人（※）が有している場合における当該他の会社（会社法468条1項））との吸収合併の承認について、支配されている子会社側で株主総会の承認決議を要せず、取締役会設置会社においては取締役会、取締役会非設置会社においては取締役の決定（取締役が複数いるときは取締役の過半数の一致）により、吸収合併契約の承認をすることができる制度です。存続会社が消滅会社について特別支配会社の場合も、消滅会社が存続会社について特別支配会社の場合もどちらの場合も要件に該当すれば被支配会社において略式吸収合併を行うことができます。

　　ただし、①被支配会社である子会社が親会社を吸収合併する場合のように、存続会社が非公開会社であり、合併対価の全部又は一部として存続会

社の譲渡制限株式を交付するとき（会社法796条１項但書。非公開会社が
募集株式を発行する場合に、株主総会の決議が必要とされているためで
す。）、②消滅会社が公開会社であり、種類株式発行会社でない場合におい
て、合併対価の全部又は一部が譲渡制限株式その他株式会社である存続会
社の取得条項付株式（当該取得条項付株式に係る会社法108条２項６号ロ
の他の株式の種類が存続会社の譲渡制限株式であるものに限る。）又は取
得条項付新株予約権（当該取得条項付新株予約権に係る会社法236条１項
７号ニの株式が存続会社の譲渡制限株式であるものに限る。）であるとき
（会社法784条１項但書、会社法施行規則186条１号）は、略式吸収合併を
行うことはできず、原則通り、株主総会の決議によって吸収合併契約を承
認することになります。

（※）**会社法施行規則136条１項で定める法人**

会社法468条１項に定める会社法施行規則136条１項で定める法人とは、次の法人のことを
いいます。

1　会社法468条１項に規定する他の会社がその持分の全部を有する法人（株式会社を除
く。）

2　会社法468条１項に規定する他の会社及び特定完全子法人（当該他の会社が発行済株
式の全部を有する株式会社及び１に掲げる法人をいう。）又は特定完全子法人がその持
分の全部を有する法人

9　手続の瑕疵等

吸収合併の手続に瑕疵等がある場合について、会社法上、(1)差止請求及び(2)
合併無効の訴えの制度が設けられています。

(1)　吸収合併の差止請求

①吸収合併が法令又は定款に違反する場合、②（消滅会社においては、）
存続会社が消滅会社の特別支配会社であるときにおいて合併対価の交付・
割当てに関する会社法749条１項２号若しくは３号、751条１項３号若しく
は４号に掲げる事項が消滅会社又は存続会社の財産の状況その他の事情に

照らして著しく不当である場合、③（存続会社においては、）消滅会社が存続会社の特別支配会社であるときにおいて合併対価の交付・割当てに関する会社法749条1項2号若しくは3号に掲げる事項が存続会社又は消滅会社の財産の状況その他の事情に照らして著しく不当である場合で、消滅会社や存続会社の株主が不利益を受けるおそれがあるときは、消滅会社や存続会社の株主は、自己が株式を有する会社に対し、吸収合併をやめることを請求することができます（会社法784条の2、796条の2）。

(2)　合併無効の訴え

　吸収合併後に手続の瑕疵等を原因としてその効力を無効にすることは、取引の安全や法的安定性を著しく害します。そこで、合併の効力を争うためには、吸収合併の効力発生日から6か月以内（※）に、吸収合併の効力発生日において当事会社の株主、取締役、監査役、持分会社の社員、吸収合併について承認をしなかった債権者等から、合併無効の訴えを提起し、形成判決を得ることが必要とされています（会社法828条1項7号、2項7号）。

　合併無効の訴えの特徴として、①合併の無効が確定した場合、その判決に遡及効はなく、将来に向かって合併の効力を失わせるにすぎないこと（将来効。会社法839条）、②合併無効を認容する判決の効力は、訴訟当事者だけでなく、第三者に対しても効力を有すること（対世効。会社法838条）が挙げられます。

　なお、濫用的な合併無効の訴えを防止するため、株主又は債権者による訴えの提起の場合は、被告である会社の申立てによって、会社がその訴えの提起が悪意によることを疎明することで、裁判所は、訴えを提起した株主又は債権者に対して、担保を提供するよう命令することができます（会社法836条）。また、合併の無効が認められなかった場合、原告に悪意又は重大な過失があると認められたときは、その原告は、被告である会社に対し、損害を賠償する責任があるとされています（会社法846条）。

（※） 事前開示や事後開示の備置・閲覧等の期間も吸収合併の効力発生日から6か月で終了しますが、これと合併無効の提訴期間が一致しているのは、株主や債権者等が備置された開示事項の閲覧により、合併無効の訴えを提起する機会を提供するためです。

第2章

吸収合併の実務

第1　事前の確認

1　意　義

　吸収合併の手続に着手する前に、存続会社及び消滅会社の登記事項証明書、定款、株主名簿、新株予約権原簿、貸借対照表・損益計算書等の資料を確認することに加え、決算公告を怠っていないか、株券を実際に発行していないか等の事情を聴き取り、調査することはとても重要です。

　存続会社又は消滅会社の認識と登記記録や定款の記載事項が一致していない場合は、吸収合併の前提として、定款変更や変更登記の手続が必要になることがあります。

2　許認可に係る事業目的

　消滅会社の登記記録に許認可が必要な事業目的が記載されていて、存続会社がその事業を引き継いで行う場合は、許認可庁に対して手続が必要になることが多いため、許認可の根拠法令により、個別の判断が必要となります。

　また、存続会社の登記記録に許認可が必要な事業目的が記載されている場合も、吸収合併後に、その事業を継続して行うための届出等が必要か否か、必要な場合の届出方法等について、許認可の根拠法令により、個別の判断が必要となります。

3　株券の発行の有無

　登記上、株券を発行する旨が登記されている消滅会社が、実際に株券を発行している場合、株券提出公告手続が必要になります。

　そのため、株主名簿の記載等から実際に株券を発行しているか否かを確認します（株主名簿が備置されていない株式会社においては、それを調製します。）。

4　新株予約権証券の発行の有無

　登記上、新株予約権や新株予約権付社債を発行している消滅会社が、新株予約権証券を発行している場合、新株予約権証券提出公告手続が必要になります。

　そのため、新株予約権原簿等の記載から新株予約権証券を発行しているか否かを確認します。

5　種類株式発行会社

　存続会社又は消滅会社が種類株式発行会社の場合、吸収合併契約の承認につき、通常の株主総会の決議に加えて、種類株主総会の決議が必要となることがあるため、注意が必要です。拒否権付種類株式を発行しているときだけでなく、種類株式発行会社は、定款に別段の定めがあるときを除き、吸収合併が種類株式の株主に損害を及ぼすおそれがあるときには、その種類株主総会の決議が必要とされています（会社法322条1項7号）。「損害を及ぼすおそれ」の判断は難しく、実務上は、念のため、発行しているすべての株式の種類について種類株主総会の決議をすることが多いように思います。

　また、消滅会社が種類株式を発行している場合は、存続会社の交付する合併対価が株式の種類ごとに異なる取り扱いをすることが認められているため（会社法749条2項）、消滅会社の種類株式の株主に対する対価の条件を検討する必要があります。

> #### コラム　種類株式発行会社
>
> 　種類株式発行会社とは、会社法108条1項各号に掲げる事項について内容の異なる2以上の種類の「株式を発行する」株式会社のことをいいます（会社法2条13号）。
>
> 　「株式を発行する」とは、2以上の種類の株式について定款に定めを設けていることをいい、現に2以上の種類の株式を発行していることは要求されません。

6　貸借対照表・損益計算書

　存続会社及び消滅会社の貸借対照表・損益計算書を確認することで、各々が債務超過状態であるか否か、純利益や純損失がどれほどかということが判明します。大口の債権者（金融機関等）が存在する場合は、後述の債権者保護手続を行う前に、吸収合併についての承諾を取っておくとよりスムーズに手続を進めることができます。

7　決算公告の有無

　中小企業（株式会社に限る。）は、公告方法を官報に掲載する方法と定めていても、官報で決算公告をすることを怠っていることが多いです。株式会社においては、後述の合併公告の際、計算書類に関する事項の記載が必要とされています。存続会社又は消滅会社が決算公告をしていない場合は、合併公告前に決算公告をするか、合併公告と同時に最終の貸借対照表の要旨を公告することになります。

　存続会社又は消滅会社が、決算公告をしているか否かによって、公告の記載内容が異なるため、その点は事前に確認しておく必要があります。

8　株主・社員の確認

　株式会社である存続会社及び消滅会社においては、株主名簿を確認することで株主を確認することができます。しかし、実際には、株主名簿を作成していない株式会社も多いため、その場合は設立時の原始定款の内容等をもとに株主を特定する作業が必要になることもあります。また、株主に変動が生じていることを株式会社が把握していなかったり、名義株の問題が解消できずにいたりする株式会社も少なくはなく、株主の確認には多くの年月と費用を費やすこともあります。

　また、持分会社においては、定款に①出資者である社員の氏名又は名称及び住所（会社法576条 1 項 4 号）、②社員が無限責任社員又は有限責任社員のいず

れであるかの別（会社法576条1項5号）、③社員の出資の目的（有限責任社員にあっては、金銭等に限る。）及びその価額又は評価の標準（会社法576条1項6号）が必要的記載事項として記載されているので、合併対価の交付対象者の確認を踏まえ、その定款の記載を確認する必要があります。また、相続により社員に変動が生じていることを会社が把握していないことも少なくはなく、社員の確認についても多くの年月と費用を費やすこともあります。

> ### コラム　名義株の解消
>
> 　平成2年改正前の旧商法においては、株式会社の設立にあたり、7名以上の発起人が必要であったことから、実際に会社経営に携わらない者の名義の貸与を受けて、7名以上の発起人を揃えて株式会社を設立する事例が多発しました。名義借りの必要が無くなった後も、真の株主に対する名義変更がなされないまま現在に至っているケースも少なくありません。
>
> 　この名義株を放置していると、①名義株主が権利主張し、真の株主の意に反する行動をとること、②株式の真の所有権の帰属の立証が困難となること、③名義株主が行方不明となっている場合があること、④名義株主に相続が開始し、株式が分散してしまうこと、⑤事業承継、M&A等による会社の売却、会社の清算における残余財産の分配及び組織再編等の行為を適正に進めることが困難となること等の問題が生じることがあります。
>
> 　最判昭和42年11月17日民集21巻9号2448頁は、名義株については、その形式上の名義に関らず、実質的に株式の引受け及び払込みを行った者が所有者になるとしています。しかし、現実には、名義株の解消には困難を伴うことが多いです。合意により真実の株主に株主名簿の名義書換をするにしてもハンコ代を請求されることもありますし、株式会社が名義株主との合意により、株式を買い取る際も高額な代金を要求されることもあります。そのため、名義株を放置している株式会社は、その解消のために、後述の相続人等売渡請求（会社法174条）、特別支配株主の株式等売渡請求（会社法179条ないし179条の10）等の制度の利用を検討することになります。

第 2　株主・社員の整理

1　株主の整理

(1)　意　義

　　株式会社である消滅会社の株主は、原則的に、吸収合併の効力発生日に合併対価の交付を受けることになります。そのため、形骸化している株主がいる場合は、その株主の有する株式を他の株主に譲渡したり、株式会社が取得したりして、整理する必要があります。また、株主に相続が開始した後の権利関係について会社が把握できていない場合は、相続人を特定し、株式の帰属を明確にしたり、売渡請求等の手続を行ったりして、整理する必要があります。

(2)　株式の譲渡

　　株式は、自由に譲渡することができます（会社法127条）。

　　株券を発行しない会社の株式については、譲渡人・譲受人間の意思表示のみで移転し、株主名簿の名義書換によって会社及び第三者に対する対抗要件を備えます（会社法130条 1 項）。

　　一方、株券発行会社の株式については、譲渡人・譲受人間の意思表示に加えて、譲渡人が譲受人に対して株券の交付をすることで移転し、かつ、第三者に対する対抗要件を備えます（会社法128条 1 項。株券の発行前にした譲渡は、株券発行会社に対し、その効力を生じません（同条 2 項）。）。株式会社に対する対抗要件は、株主名簿の名義変更をすることで備えることになります（会社法130条 2 項）。

　　なお、株主に相続が開始したことにより、相続人が株式を承継取得することは株式の譲渡ではないため、相続人は株主名簿の名義書換をしなくとも、相続による株式の移転を株式会社に対抗することができます。

(3)　株式譲渡の制限

　株式は、原則として自由に譲渡することができますが、次の場合には譲渡の自由性が制限されます。

ア　株式に譲渡制限条項が付されている場合

　株式に会社法107条1項1号又は108条1項4号による譲渡制限条項が付されている場合、株式を譲渡するためには、譲渡についての株式会社の承認が必要になります。

イ　株券発行会社において譲渡時に株券を発行していない場合

　株券発行会社においては、譲渡人・譲受人間の意思表示に加えて、譲渡人が譲受人に対して株券の交付をしたときに移転の効力が生じ（会社法128条1項）、株券発行前にした譲渡は、株券発行会社に対し、その効力を生じません（同条2項）。

ウ　株式会社が自己株式を譲渡する場合

　株式会社が自己株式を譲渡する場合は、募集株式の引受人に対する交付の手続（会社法199条以下）を経なければ、株式を譲渡することができません。

エ　株式会社が自己株式を取得する場合

　株式会社が自己株式を取得する場合、会社法156条1項による手続等を経なければ株主から譲渡を受けることはできません。

オ　単元未満株式について定款で株主の権利を制限した場合

　単元未満株式について、定款で株券発行請求権や株主名簿の名義書換請求権を制限した場合も株式の譲渡の自由性が影響を受けることになります。

カ　子会社が親会社株式を取得する場合

　子会社が親会社株式を取得することは、原則的に認められていません（会社法135条1項）。

―〈参考〉子会社が親会社株式を取得することが認められる場合―
　次の場合には、子会社が親会社株式を取得することが認められます。
①　他の会社（外国会社を含む。）の事業の全部を譲り受ける場合におい

て当該他の会社の有する親会社株式を譲り受ける場合（会社法135条 2 項 1 号）

②　合併後消滅する会社から親会社株式を承継する場合（会社法135条 2 項 2 号）

③　吸収分割により他の会社から親会社株式を承継する場合（会社法135条 2 項 3 号）

④　新設分割により他の会社から親会社株式を承継する場合（会社法135条 2 項 4 号）

⑤　吸収分割（会社法以外の法令（外国の法令を含む。）に基づく吸収分割に相当する行為を含む。）に際して親会社株式の割当てを受ける場合（会社法施行規則23条 1 号、会社法135条 2 項 5 号）

⑥　株式交換（会社法以外の法令（外国の法令を含む。）に基づく株式交換に相当する行為を含む。）に際してその有する自己株式（持分その他これに準ずるものを含む。）と引換えに親会社株式の割当てを受ける場合（会社法施行規則23条 2 号、会社法135条 2 項 5 号）

⑦　株式移転（会社法以外の法令（外国の法令を含む。）に基づく株式移転に相当する行為を含む。）に際してその有する自己株式（持分その他これに準ずるものを含む。）と引換えに親会社株式の割当てを受ける場合（会社法施行規則23条 3 号、会社法135条 2 項 5 号）

⑧　他の法人等が行う株式交付（会社法以外の法令（外国の法令を含む。）に基づく株式交付に相当する行為を含む。）に際して親会社株式の割当てを受ける場合（会社法施行規則23条 4 号、会社法135条 2 項 5 号）

⑨　親会社株式を無償で取得する場合（会社法施行規則23条 5 号、会社法135条 2 項 5 号）

⑩　その有する他の法人等の株式につき当該他の法人等が行う剰余金の配当又は残余財産の分配（これらに相当する行為を含む。）により親会社株式の交付を受ける場合（会社法施行規則23条 6 号、会社法135条 2 項 5 号）

⑪　その有する他の法人等の株式につき当該他の法人等が行う次に掲げる行為に際して当該株式と引換えに当該親会社株式の交付を受ける場合

(ⅰ)　組織の変更（会社法施行規則23条7号イ、会社法135条2項5号）

(ⅱ)　合併（会社法施行規則23条7号ロ、会社法135条2項5号）

(ⅲ)　株式交換（会社法以外の法令（外国の法令を含む。）に基づく株式交換に相当する行為を含む。）（会社法施行規則23条7号ハ、会社法135条2項5号）

(ⅳ)　株式移転（会社法以外の法令（外国の法令を含む。）に基づく株式移転に相当する行為を含む。）（会社法施行規則23条7号ニ、会社法135条2項5号）

(ⅴ)　取得条項付株式（これに相当する株式を含む。）の取得（会社法施行規則23条7号ホ、会社法135条2項5号）

(ⅵ)　全部取得条項付種類株式（これに相当する株式を含む。）の取得（会社法施行規則23条7号ヘ、会社法135条2項5号）

⑫　その有する他の法人等の新株予約権等を当該他の法人等が当該新株予約権等の定めに基づき取得することと引換えに親会社株式の交付をする場合において、当該親会社株式の交付を受けるとき（会社法施行規則23条8号、会社法135条2項5号）

⑬　会社法135条1項の子会社である者（会社を除く。）が行う次に掲げる行為に際して当該者がその対価として親会社株式を交付するために、その対価として交付すべき当該親会社株式の総数を超えない範囲において当該親会社株式を取得する場合

(ⅰ)　組織の変更（会社法施行規則23条9号イ、会社法135条2項5号）

(ⅱ)　合併（会社法施行規則23条9号ロ、会社法135条2項5号）

(ⅲ)　会社法以外の法令（外国の法令を含む。）に基づく吸収分割に相当する行為による他の法人等がその事業に関して有する権利義務の全部又は一部の承継（会社法施行規則23条9号ハ、会社法135条2項5号）

(ⅳ)　会社法以外の法令（外国の法令を含む。）に基づく株式交換に相当

する行為による他の法人等が発行している株式の全部の取得（会社法施行規則23条9号ニ、会社法135条2項5号）

⑭　他の法人等（会社及び外国会社を除く。）の事業の全部を譲り受ける場合において、当該他の法人等の有する親会社株式を譲り受けるとき（会社法施行規則23条10号、会社法135条2項5号）

⑮　合併後消滅する法人等（会社を除く。）から親会社株式を承継する場合（会社法施行規則23条11号、会社法135条2項5号）

⑯　吸収分割又は新設分割に相当する行為により他の法人等（会社を除く。）から親会社株式を承継する場合（会社法施行規則23条12号、会社法135条2項5号）

⑰　親会社株式を発行している株式会社（連結配当規制適用会社に限る。）の他の子会社から当該親会社株式を譲り受ける場合（会社法施行規則23条13号、会社法135条2項5号）

⑱　その権利の実行に当たり目的を達成するために親会社株式を取得することが必要かつ不可欠である場合（⑤から⑰に掲げる場合を除く。）（会社法施行規則23条14号、会社法135条2項5号）

⑷　株主名簿の名義書換

　株式の譲渡により当該株式を発行する株式会社以外の者から、株式取得者は、株式会社に対して、株主名簿の名義書換を請求することができます（会社法133条1項）。

　その請求は、原則的に、株式の譲渡人と株式取得者（又はその相続人その他一般承継人）とが共同して行う必要がありますが、株券発行会社においては、株式取得者が株券を提示することで単独で請求することができます（会社法133条2項、会社法施行規則22条2項1号）。

【株主名簿例】

株　主　名　簿

株式会社○○

【株主】

住　　　　所　○○県○○市…

氏　　　　名　○○○○

現在所有株式数　150株

所有株式数	取得株式数	喪失株式数	原因年月日	受付年月日	備考
<u>100株</u>	100株		H○.○.○ 増資	H○.○.○	募集株式発行
150株	50株		R○.○.○ 増資	R○.○.○	募集株式発行

※　下線のあるものは抹消事項であることを示す。

＊　株主名簿には次の事項を記載する必要があります。

①　株主の氏名又は名称及び住所（会社法121条1号）

②　株主の有する株式の数（種類株式発行会社にあっては、株式の種類及び種類ごとの数）（会社法121条2号）

③　株主が株式を取得した日（会社法121条3号）

④　株式会社が株券発行会社である場合には、株式（株券が発行されているものに限る。）に係る株券の番号（会社法121条4号）

⑸　**自己株式の取得**

ア　**株主からの自己株式の取得**

　　株式会社は、株主との合意により自社の株式を買い取ることができます。株式会社が、特定の株主から有償で自社の株式を取得するには、予め株主総会の決議において次の事項を定める必要があります（会社法160条1項、156条1項）。

①　取得する株式の数（種類株式発行会社にあっては、株式の種類及び種類ごとの数）

②　株式を取得するのと引換えに交付する金銭等（当該株式会社の株式等を除く。）の内容及びその総額

③　株式を取得することができる期間（この期間は 1 年を超えることはできません。）

④　自己株式の取得を特定の株主に対して行う旨

　他の株主（種類株式発行会社にあっては、取得する株式の種類の種類株主）は特定の株主に自己をも加えたものを株主総会の議案とすることを、請求することができます（売主追加請求権。会社法160条 3 項）。ただし、この売主追加請求権は、当該株式を有する株主全員の同意により、適用しない旨を定款に定めることができます（会社法164条）。

イ　非公開会社における株主の相続人との合意による自己株式の取得

　アの特則として、非公開会社が株主の相続人その他一般承継人からその相続その他一般承継した自己株式を取得する場合には、当該相続人その他の一般承継人が株主総会又は種類株主総会において当該株式について議決権を行使した場合を除き、他の株主の売主追加請求権は認められません（会社法162条）。

(6)　相続人等売渡請求

　株式会社は、相続その他の一般承継により当該株式会社の譲渡制限株式を取得した者に対し、当該株式を当該株式会社に売り渡すことを請求することができる旨を定款で定めることができます（会社法174条）。この売渡請求は、当該株式会社が相続その他の一般承継があったことを知った日から 1 年以内に、その請求に係る株式の数（種類株式発行会社にあっては、株式の種類及び種類ごとの数）を明らかにして行う必要があります（会社法176条 1 項・ 2 項）。株式会社がこの売渡請求をしようとするときは、その都度、株主総会の決議によって、次の事項を定めなければなりません。

①　売渡請求をする株式の数（種類株式発行会社にあっては、株式の種

類及び種類ごとの数）（会社法175条1項1号）

② その株式を有する者の氏名又は名称（会社法175条1項2号）

②の株主は、売渡請求に関する事項を決定する株主総会において、その者以外の株主の全部が当該株主総会において議決権を行使することができない場合を除き、当該株主総会において議決権を行使することができません（会社法175条2項）。

また、売買価格は、株式会社と株式所有者との協議によって定めることが原則ですが（会社法177条1項）、双方とも売渡請求があった日から20日以内に、裁判所に対し、売買価格の決定の申立てをすることもできます（会社法177条2項）。

(7) 特別支配株主の株式等売渡請求

株式会社の特別支配株主（株式会社の総株主の議決権の10分の9（これを上回る割合を当該株式会社の定款で定めた場合にあっては、その割合）以上を当該株式会社以外の者及び当該者が発行済株式の全部を有する株式会社その他これに準ずるものとして会社法施行規則33条の4で定める法人（※）（以下「特別支配株主完全子法人」といいます。）が有している場合における当該者をいいます。）は、当該株式会社及び当該特別支配株主以外の株主の全員に対し、その有する当該株式会社の株式の全部を当該特別支配株主に売り渡すことを請求することができます（会社法179条1項）。

特別支配株主は、株式売渡請求をしようとするときは、株式会社に対し、その旨及び次の事項を通知し、その承認（取締役会設置会社においては取締役会の決議における承認）を受けなければなりません（会社法179条の3第1項・3項）。

① 特別支配株主完全子法人に対して株式売渡請求をしないこととするときは、その旨及び当該特別支配株主完全子法人の名称（会社法179条の2第1項1号）

② 株式売渡請求によりその有する対象会社の株式を売り渡す株主（以下、「売渡株主」といいます。）に対して当該株式（以下、「売渡株式」

といいます。）の対価として交付する金銭の額又はその算定方法（会社法179条の2第1項2号）

③　売渡株主に対する②の金銭の割当てに関する事項（会社法179条の2第1項3号）

　　＊　売渡株主の有する売渡株式の数（種類株式発行会社においては、各種類の売渡株式の数）に応じて金銭を交付することを内容とするものでなければなりません（会社法179条の2第3項）。

④　株式売渡請求に併せて新株予約権売渡請求をするときは、その旨及び次の事項

　(i)　特別支配株主完全子法人に対して新株予約権売渡請求をしないこととするときは、その旨及び当該特別支配株主完全子法人の名称（会社法179条の2第1項4号イ）

　(ii)　新株予約権売渡請求によりその有する対象会社の新株予約権を売り渡す新株予約権者（以下、「売渡新株予約権者」といいます。）に対して当該新株予約権の対価として交付する金銭の額又はその算定方法（会社法179条の2第1項4号ロ）

　(iii)　売渡新株予約権者に対する(ii)の金銭の割当てに関する事項（会社法179条の2第1項4号ハ）

⑤　特別支配株主が売渡株式等を取得する日

　　＊　売渡請求をした特別支配株主は、取得日に、売渡株式等の全部を取得します（会社法179条の9第1項）。

⑥　売渡対価の支払のための資金を確保する方法（会社法施行規則33条の5第1項1号）

⑦　①から⑤のほか、売渡請求についての取引条件を定めたときは当該取引条件（会社法施行規則33条の5第1項2号）

株式会社は、上記事項を承認したときは、特別支配株主に対して、当該承認した内容を通知しなければなりません（会社法179条の3第4項）。また、取得日の20日前までに売渡株主等に対して、当該売渡を承認した旨を

通知又は公告しなければならず、その通知又は公告がなされたことにより、特別支配株主から売渡株主等に対して、株式等売渡請求がされたものとみなされます（会社法179条の４第１項柱書・同項１号・２項・３項）。

（※）会社法施行規則33条の４で定める法人

会社法施行規則33条の４で定める法人は、次のものとされています。

1　会社法179条１項に規定する者がその持分の全部を有する法人（株式会社を除く。）（会社法施行規則33条の４第１項１号）

2　同項に規定する者及び特定完全子法人（当該者が発行済株式の全部を有する株式会社及び１に掲げる法人をいいます。）又は特定完全子法人がその持分の全部を有する法人（会社法施行規則33条の４第１項２号）

⑻　行方不明株主の株式への対応

ア　株主に対する通知の省略

株式会社が株主に対してする通知又は催告が５年以上継続して到達しない場合には、株式会社は、当該株主に対する通知又は催告をすることを要しません（会社法196条１項）。その場合、当該株主に対する株式会社の義務履行地は、株式会社の住所地とされます（同条２項）。

イ　所在不明株主の売却手続

株式会社は、次のいずれにも該当する株式を競売し、かつ、その代金をその株式の株主に交付することができます（会社法197条１項）。この売却代金は、所在不明株主に帰属するため、株式会社は、当該代金を弁済供託等することになります。

①　その株式の株主に対して会社法196条１項等の規定により通知及び催告をすることを要しないもの（会社法197条１項１号）

②　その株式の株主が継続して５年間剰余金の配当を受領しなかったもの（会社法197条１項２号）

また、株式会社は、競売に代えて、市場価格のある株式については市場価格として会社法施行規則38条で定める方法により算定される額（※）をもって、市場価格のない株式については裁判所の許可を得て競売以外の方

法により、これを売却することができます（会社法197条 2 項前段）。この場合において、当該許可の申立ては、取締役が二人以上あるときは、その全員の同意によってしなければなりません（同項後段）。

　さらに、株式会社は、次の事項を定めて（取締役会設置会社においては取締役会の決議により定めます（会社法197条 4 項）。）売却する株式の全部又は一部を自己株式として買い取ることもできます。

①　買い取る株式の数（種類株式発行会社にあっては、株式の種類及び種類ごとの数）（会社法197条 3 項 1 号）

②　①の株式の買取りをするのと引換えに交付する金銭の総額（会社法197条 3 項 2 号）

（※）会社法施行規則38条で定める方法により算定される額

会社法施行規則38条で定める方法により算定される額は、次のものとされています。

1　当該株式を市場において行う取引によって売却する場合は、当該取引によって売却する価格（会社法施行規則38条 1 号）

2　1 の場合以外の場合は、次の額のうちいずれか高い額

ア　会社法197条 2 項の規定により売却日における当該株式を取引する市場における最終の価格（当該売却日に売買取引がない場合又は当該売却日が当該市場の休業日に当たる場合にあっては、その後最初になされた売買取引の成立価格）（会社法施行規則38条 2 号イ）

イ　売却日において当該株式が公開買付け等の対象であるときは、当該売却日における当該公開買付け等に係る契約における当該株式の価格（会社法施行規則38条 2 号ロ）

2　社員の整理

⑴　意　義

　持分会社である消滅会社の社員は、原則的に、吸収合併の効力発生日に合併対価の交付を受けることになります。そのため、形骸化している社員がいる場合は、吸収合併の手続を開始する前に社員の持分を譲渡する等して整理する必要があります。また、社員に相続が開始した後の持分の権利関係について会社が把握できていない場合は、相続人を特定し、持分を払

戻したり、社員として加入させたりする手続を行う必要があります。

(2)　**持分の譲渡**

　　無限責任社員の持分の全部又は一部の譲渡については、会社の信用に重大な影響をもたらすおそれがあるため、当該持分を有する社員の業務執行権の有無に関わらず、定款に別段の定めがある場合を除き、他の社員全員の承諾が必要とされています（会社法585条1項・4項）。

　　一方、有限責任社員の持分の全部又は一部の譲渡については、当該持分を有する社員の業務執行権の有無により異なります。業務執行権を有する有限責任社員の持分の譲渡については、定款に別段の定めがある場合を除き、他の社員全員の承諾が必要とされていますが（会社法585条1項・4項）、業務執行権を有しない有限責任社員の持分の全部又は一部の譲渡については、定款に別段の定めがある場合を除き、業務執行権を有する社員全員の承諾で足ります（同条2項・4項）。

(3)　**定款変更との関係**

　　持分会社の社員の持分が譲渡されると、定款の記載事項に変更が生じるため、持分の譲渡についての承諾の他に、譲渡後の各社員の地位を定めるための定款変更として、定款に別段の定めがある場合を除き、総社員の同意（会社法637条）が必要になります。無限責任社員と業務執行権を有する有限責任社員の持分については、総社員の承諾が必要になるため、定款変更に必要な総社員の同意も同時に得ることが多いと思われます。しかし、業務執行権を有しない有限責任社員の持分の譲渡は、業務執行権を有する社員全員の承諾により行われるため、原則的な定款変更の手続である総社員の同意を満たさないこともあり得ます。そのため、その特例として、会社法585条3項では、業務執行権を有しない有限責任社員の持分の譲渡に限り、定款に別段の定めがある場合を除き、総社員の同意ではなく、業務執行権を有する社員全員の同意で定款変更をすることができるとしています。

(4)　**持分譲渡の登記**

　持分の譲渡により、社員（合同会社においては、業務執行社員）が加入又は退社したり、合資会社の有限責任社員の出資の目的、その価額、既に履行した出資の価額に変更が生じたりするため、そのときから2週間以内にその本店所在地を管轄する法務局において、変更の登記を申請しなければなりません（会社法915条）。

ア　登記の事由と登記すべき事項

　①　合資会社において無限責任社員が持分全部を譲渡して、譲受人が新たに有限責任社員として加入した場合

```
1　登記の事由　　無限責任社員の退社及び有限責任社員の加入
1　登記すべき事項　令和○年○月○日無限責任社員○○退社
　　　　　　　　　同日　次の者加入
　　　　　　　　　○○県○○市…
　　　　　　　　　　　金○○万円　全部履行（※）
　　　　　　　　　　　有限責任社員　　○○
```

※　譲渡により譲り受けた持分の価額を記載します。

　②　合資会社において無限責任社員が持分全部を譲渡して退社し、新たに譲受人が無限責任社員として加入した場合

```
1　登記の事由　　無限責任社員の退社及び加入
1　登記すべき事項　令和○年○月○日無限責任社員○○退社
　　　　　　　　　同日　次の者加入
　　　　　　　　　○○県○○市…
　　　　　　　　　　　無限責任社員　　○○（※）
```

※　無限責任社員の出資の目的・価額は定款の絶対的記載事項ですが、登記事項ではありません。

　③　合名会社・合資会社において無限責任社員が持分全部を他の無限責任社員の1人に譲渡して退社した場合

```
1　登 記 の 事 由　無限責任社員の退社
1　登記すべき事項　令和○年○月○日無限責任社員○○退社
```

④　合資会社において無限責任社員の持分の一部を有限責任社員に譲渡
　した場合

```
1　登 記 の 事 由　無限責任社員の持分の一部譲渡
1　登記すべき事項　令和○年○月○日持分一部譲受
　　　　　　　　　　○○県○○市…
　　　　　　　　　　金○○万円　全部履行（※）
　　　　　　　　　　有限責任社員　　○○
```

※　譲受人である有限責任社員が既に有している持分の価額と今回無限責任社員から一部譲
　渡を受けた持分の価額を合計した価額を記載します。

⑤　合資会社において有限責任社員の持分の一部を他の有限責任社員に
　譲渡した場合

```
1　登 記 の 事 由　有限責任社員の持分の一部譲渡
1　登記すべき事項　令和○年○月○日持分の一部譲渡により、次のとお
　　　　　　　　　　り変更
　　　　　　　　　　有限責任社員△△の出資の目的、価額、既に履行し
　　　　　　　　　　た出資の価額
　　　　　　　　　　　　金○○万円　全部履行（※1）
　　　　　　　　　　有限責任社員□□の出資の目的、価額、既に履行し
　　　　　　　　　　た出資の価額
　　　　　　　　　　　　金○○万円　全部履行（※2）
```

※1　譲渡人△△の一部譲渡後の持分の価額を記載します。
※2　譲受人□□の一部譲渡後の持分の価額を記載します。

⑥　合資会社において有限責任社員が持分全部を他の有限責任社員に譲渡して退社した場合

```
1　登 記 の 事 由　有限責任社員の退社
1　登記すべき事項　令和○年○月○日有限責任社員○○退社
　　　　　　　　　　同日　持分の譲受
　　　　　　　　　　○○県○○市…
　　　　　　　　　　　　金○○万円　全部履行
　　　　　　　　　　　　有限責任社員　　○○
```

⑦　合同会社における持分譲渡による新たな業務執行社員の加入の場合

```
1　登 記 の 事 由　業務執行社員の変更
1　登記すべき事項　令和○年○月○日業務執行社員○○退社
　　　　　　　　　　同日業務執行社員△△加入
```

イ　添付書類

　持分会社の持分譲渡の登記の添付書類は、①持分の譲渡及び当該定款変更についての総社員の同意書・業務執行社員全員の同意書、②社員の加入・退社の事実を証する書面（持分譲渡証書が該当しますが、①の同意書に社員の加入・退社の事実が明白に記載され、かつ、加入及び退社する社員の記名押印があれば、別途この②の書面を添付する必要はありません。）、③合資会社の有限責任社員について出資の履行があったことを証明する書面、④法人社員関係書面、⑤代理権限を証する書面（司法書士等の代理人によって登記の申請をする場合）等を添付する必要があります。

【同意書例】

1　合資会社において無限責任社員の持分全部を有限責任社員に譲渡した場合

同　意　書

1．令和○年○月○日無限責任社員○○はその持分全部金○○万円を△△
　に譲渡して退社し、これを譲り受けた△△は業務を執行しない有限責任
　社員として加入すること。なお、加入社員の氏名、住所、出資の目的・
　価額、履行した部分及び責任は次のとおりである。

　　　　　　　　○○県○○市…

　　　　　　　　金○○○○円　全部履行　　（※）

　　　　　　　　有限責任社員　　△△

1．上記変更により定款第○条を次のとおり変更する。

第○条　当会社の社員の氏名及び住所並びに出資の目的及びその価額又は
　　　　評価の標準並びに社員の責任は、次のとおりとする。

　　　　　　　○○県○○市…

　　　　　　　　出資金額　金○○○○円　全部履行

　　　　　　　　無限責任社員　××

　　　　　　　○○県○○市…

　　　　　　　　出資金額　金○○○○円　全部履行

　　　　　　　　有限責任社員　□□

　　　　　　　○○県○○市…

　　　　　　　　出資金額　金○○○○円　全部履行

　　　　　　　　有限責任社員　△△

上記に同意する。

　令和○年○月○日

　　　　　　　　　　　　　　　　　　　　　　合資会社○○

　　　　　　　　　　　　　　　　　　　社　員　××　㊞

　　　　　　　　　　　　　　　　　　　社　員　□□　㊞

　　　　　　　　　　　　　　　　　　　社　員　△△　㊞

※　無限責任社員が持分の譲渡を受けて加入する場合も、責任の別、氏名、住所、出資の目的・その価額は定款の必要的記載事項なので同意書中に記載します。

＊　本同意書には、持分の譲渡人の記名押印がないので、添付書類として別途持分の譲渡契約書を添付する必要があります。

2　合資会社において無限責任社員の持分の一部を有限責任社員に譲渡した場合

同　意　書

1．無限責任社員○○は、有限責任社員□□に、当会社に対して有する持分金○○○○円のうち、金○○○円を譲渡する。

1．上記の結果、定款第○条を次のとおり変更する。

第○条　当会社の社員の氏名及び住所並びに出資の目的及びその価額又は評価の標準並びに社員の責任は、次のとおりとする。

　　　　　　○○県○○市…

　　　　　　出資金額　金○○○○円　全部履行

　　　　　　　　　無限責任社員　　〇〇

　　　　　　〇〇県〇〇市…

　　　　　　　　　出資金額　金〇〇〇〇円　全部履行

　　　　　　　　　有限責任社員　　□□

　　　　　　〇〇県〇〇市…

　　　　　　　　　出資金額　金〇〇〇〇円　全部履行

　　　　　　　　　有限責任社員　　△△

上記に同意する。

　　令和〇年〇月〇日

　　　　　　　　　　　　　　　　　　合資会社〇〇

　　　　　　　　　　　　　　　　　　社　員　　〇〇　　㊞

　　　　　　　　　　　　　　　　　　社　員　　□□　　㊞

　　　　　　　　　　　　　　　　　　社　員　　△△　　㊞

＊　本同意書には、持分の譲渡人と譲受人の記名押印があるので、添付書類として別途持分
の譲渡契約書を添付する必要はありません。

3　合同会社における持分譲渡による新たな業務執行社員の加入の場合

同　意　書

1．業務執行社員〇〇は、□□に、その持分全部金〇〇万円を譲渡して退
　社し、これを譲り受けた□□は有限責任社員として加入すること。

1．定款第〇条末尾に、次の事項を加えること。

　　　　　　〇〇県〇〇市…

　　　　　　　　　出資金額　金〇〇円　全部履行

　　　　　　　　　有限責任社員　　□□

1．定款第○条を次のとおり変更すること。

　　第○条（業務執行社員）

　　　　当会社の業務執行社員は、△△及び□□とする。

上記に同意する。

　　令和○年○月○日

　　　　　　　　　　　　　　　　　　　　合同会社○○

　　　　　　　　　　　　　　　　　　　　社　員　　□□　　㊞

　　　　　　　　　　　　　　　　　　　　社　員　　△△　　㊞

　　　　　　　　　　　　　　　　　　　　退社員　　○○　　㊞

＊　本同意書には、持分の譲渡人と譲受人の記名押印があるので、添付書類として別途持分の譲渡契約書を添付する必要はありません。

【持分譲渡証例】

　　　　　　　　　　　持 分 譲 渡 契 約 書

　　　　　　　　　　　　　　　　　　　　　令和○年○月○日

　　○○県○○市…

　　（甲）持分譲渡人　　△△　　㊞

　　○○県○○市…

　　（乙）持分譲受人　　□□　　㊞

上記甲及び乙は次のとおり契約した。

1　甲は、合資会社○○に対して有する持分全部金○○万円を有限責任社

　　員乙に譲渡して退社し、これを譲り受けた乙は出資の価額を増加すること。

　1　甲は乙の持分増加につき、合資会社○○の社員全員の同意が得られるよう努力すること。

以　　　上

【出資の履行があったことを証明する書面】

出 資 受 領 証 明 書

　　○○県○○市…

　　有限責任社員　　○○　殿

金○○万円也

ただし、当社に対する出資金として既に受領済みであることを証明する。

　　令和○年○月○日

○○県○○市…

合資会社○○

代表社員○○

　ウ　登録免許税

　　　合名会社、合資会社及び資本金1億円以下の合同会社においては申請1件につき1万円（資本金が1億円を超える合同会社においては申請1件につき3万円）です（登録免許税法別表第一第24号㈠カ、昭和42年7月22日民甲第2121号民事局長通達第二・三）。

⑸　**社員の死亡**

　　持分会社の社員が死亡した場合、当該社員の死亡は、法定退社事由となり、原則的にその持分は相続人に相続されることはありません（会社法607条1項3号）。この場合、当該社員の相続人は、持分会社から持分の払戻しを受けることになります。

　　その例外として、定款に社員が死亡した場合における当該社員の相続人その他の一般承継人が当該社員の持分を承継する旨の定め（特定の相続人が持分を承継すると定めることもできます。）があるときは、相続人は当該社員の持分を相続して加入します（会社法608条1項・2項）。この場合、持分会社は、相続人が持分を相続したときに、当該相続人についての定款の変更をしたものとみなされます（同条3項）。また、清算中の持分会社において社員が死亡した場合、そのような定款の定めがないときであっても、当該社員の相続人その他の一般承継人は、当該社員の持分を承継します（会社法675条）。

⑹　**持分相続の登記**

　　持分会社の社員が死亡した場合、定款に社員が死亡した場合における当該社員の相続人その他の一般承継人が当該社員の持分を承継する旨の定めがないときは、当該社員の持分は相続人に承継されないため、死亡による当該社員（合同会社においては、業務執行社員）の退社の登記のみをすることになります。

　　一方、定款にその定めがあるときは、合名会社においては、①死亡による当該社員の退社の登記、②未だ社員でない相続人の当該持分の承継加入の登記、③相続人である社員間の持分譲渡の登記等を申請することになります。また、合資会社においては、①死亡による当該社員の退社の登記、②未だ社員でない相続人の当該持分の承継加入の登記、③既に有限責任社員である相続人が死亡した無限責任社員の持分を相続により承継した場合は、当該相続人である社員の責任変更の登記、④既に有限責任社員である相続人が死亡した有限責任社員の持分を相続により承継した場合は、当該

相続人である社員の持分の一部相続の登記、⑤相続人である社員間の持分譲渡の登記等を申請することになります。さらに、合同会社においては、社員が登記事項ではないため、①業務執行社員が死亡した場合に死亡による当該業務執行社員の退社の登記、②持分を相続により承継した社員が業務執行社員となる場合は、業務執行社員の加入の登記等を申請することになります。

ア　登記の事由と登記すべき事項

①　合資会社において無限責任社員が死亡し、既存の有限責任社員の一人と未だ社員でない相続人が持分を相続承継した場合

1　登記の事由	相続による社員変更
1　登記すべき事項	令和○年○月○日無限責任社員○○死亡
	同日　次の者加入
	○○県○○市…
	無限責任社員　△△　（※1）
	同日　有限責任社員□□の責任変更
	無限責任社員　□□　（※2）

※1　新たに持分を相続承継して加入する社員についての記載です。

※2　従前から有限責任社員である者が、無限責任社員の地位を相続した場合、その者の責任が有限責任のまま変更されないという見解と、無限責任に変更されるという見解があるようです。本記載は、後者の見解による場合のものです。

②　合資会社において有限責任社員が死亡し、未だ社員でない相続人が持分を相続承継した場合

1　登記の事由	相続による社員変更
1　登記すべき事項	令和○年○月○日有限責任社員○○死亡
	同日　次の者加入（※1）
	○○県○○市…
	金○○万円　全部履行（※2）

```
　　　　有限責任社員　　△△

　　　　○○県○○市…

　　　　金○○万円　全部履行（※２）

　　　　有限責任社員　　□□
```

※１　相続について単純承認した相続人全員を記載します。
※２　持分の価額は、死亡社員の持分の価額をもとに法定相続分を乗じて算出した価額を記載します。

　　③　②のケースにおいて、遺産分割協議により相続人中の一人が死亡社員の持分を取得するとされた場合

```
１　登記の事由　　相続による社員変更
　　　　　　　　　有限責任社員の出資の増加
１　登記すべき事項　令和○年○月○日有限責任社員○○死亡
　　　　　　　　　同日　次の者加入
　　　　　○○県○○市…
　　　　　　金○○万円　全部履行
　　　　　　有限責任社員　　△△
　　　　　○○県○○市…
　　　　　　金○○万円　全部履行
　　　　　　有限責任社員　　□□
　　　　　令和○年○月○日有限責任社員△△退社
　　　　　同日持分の譲受により、次のとおり変更
　　　　　有限責任社員□□の出資の目的、価額、既に履行した出資の価額
　　　　　　金○○万円　全部履行（※）
```

※　　△△から□□が持分の全部を譲り受けたことによる譲受後の持分の価額を記載します。

イ　添付書類

　　持分会社の持分の相続についての登記申請書には、①定款、②相続人関係を証する戸籍謄本等、③総社員の同意書、④代理権限を証する書面（司法書士等の代理人によって登記の申請をする場合）等を必要に応じて添付する必要があります。

ウ　登録免許税

　　持分相続についての変更登記の登録免許税は、前述(4)ウと同様です。

(7)　持分の相続と遺産分割

　　定款に、社員が死亡した場合における当該社員の相続人その他の一般承継人が当該社員の持分を承継する旨の定めがある持分会社では、社員が死亡したことにより相続（の手続き）が開始されます。しかし、相続人全員で遺産分割協議を行い、相続人のうちの一人が死亡社員の持分を承継するとした場合でも、直接その相続人のみを加入する登記はできません（昭和34年1月14日民甲第2723号民事局長回答、昭和38年5月14日民甲第1357号民事局長回答）。この場合は、いったん共同相続人全員の相続による加入の登記をし、その後、持分を承継しない社員の持分譲渡による退社の登記や（当該社員が有限責任社員の持分を承継したときは）出資の価額の変更登記等を申請することになります。

(8)　定款に特定の相続人が持分を承継する旨の定めがある場合

　　定款に「社員○○が死亡した場合は、当該社員の相続人である△△が、その社員の持分を承継する。」というような、社員の死亡により特定の相続人が持分を承継する旨の定めがある場合、死亡社員の相続による相続人全員の社員への加入の登記を経ずに、定款記載の特定の相続人の加入の登記が可能となるか否かについては先例等が見当たらず、見解が分かれているようです。そのため、申請先の法務局に確認が必要となります。

コラム 名古屋法務局との法司協議の結果

　筆者の所属する愛知県司法書士会においては、名古屋法務局と愛知県司法書士会内の商業・法人登記法司研究委員会が、定期的に事務打ち合わせを行い、解釈の分かれる実務上の諸論点を協議し、その協議結果をまとめています。

　平成20年５月26日協議において、前述(8)の論点が協議され、次のとおり、定款に社員死亡後に特定の社員が持分を承継する旨の定めがある場合は、相続人全員の社員への加入の登記を経ずに、定款記載の特定の相続人の加入の登記をすることができるということになりました。この協議結果は、名古屋法務局に対する申請については有効なものとして実務上扱われています。

【協議事項】

> 　会社法608条の規定により、定款で特定の相続人が持分を承継すると定められていた場合において、全相続人の入社の登記を経ず、この特定の相続人の入社の登記は可能と考えますがいかがでしょうか。
>
> 　また、定款で単に相続人が持分を承継すると定めていた場合において、遺産分割協議書を添付して、特定の相続人のみが入社するとする登記申請は認められないとする従前の扱いに変更はあるのでしょうか。

【回答・協議結果】

> 　前段　意見のとおり。
> 　後段　変更はない。
>
> 　　　　　　　　　　　　　　　　　（H20．５．26協議・速報515号）

［協議の趣旨］

　会社法になり、有限責任社員・無限責任社員の別に関わらず、社員の死亡は退社事由（会社法607条１項３号）であり、その地位は、定款に定め

のない限り、相続人その他の一般承継人に承継されることはなくなった（旧商法下においては、有限責任社員の地位は、相続人に承継された（旧商法161条１項））。

　定款に「社員が死亡したときはその相続人が社員となる」旨の定めがある場合については、旧商法下における手続きが確定しているものの、定款に「特定の相続人が持分を承継する」旨の定めがある場合については、先例等が見当たらない。

　そこで、前段において、特定の者が持分を承継する旨の定款の定めがある場合の登記の可否について協議事項とした。

　また、後段においては、有限責任社員が死亡した場合に相続人が当然社員となることがなくなった会社法下においても、従来の解釈・手続きに変更がないか、協議事項とした。

　［解説］
　持分会社の社員の地位は、単に権利のみならず会社債務の弁済責任を含んだ包括的地位と解されており、いったん社員となることによって生じた債務は遺産分割の対象とはならず、仮に、遺産分割により特定の者が地位を承継すると定めても、その効果は遡及しないから、相続人間の協議により、特定の相続人のみが入社することはできないと考えられている。

　上記の解釈に立った場合、「特定の相続人が持分を承継する」との定款の定めは、相続人間の協議による訳ではなく、債務の分割にはあたらないと考えられる。

　また、人的結びつきの深い組合的組織である持分会社において、このような定款の定めを無効と解する合理的な理由も見当たらない。

　以上から、前段のとおりの回答となった。

　後段については、会社法となって、有限責任社員の死亡により相続人が当然入社することはなくなったが、それによって社員たる地位の解釈に変更があったと考えることはできず、従来どおりの取り扱いに変更はないと

の回答となった。

⑼　自己持分

　　持分会社においては、株式会社の自己株式のような自己持分という概念
は存在しません。持分会社は、自己の持分を取得することは禁止されてお
り（会社法587条1項）、合併による承継等で自己の持分を取得した場合、
当該持分は消滅します（同条2項）。

第3　吸収合併の手続

1　日程表の作成

　吸収合併は、存続会社及び消滅会社の代表者（株式会社においては代表取締
役、持分会社においては代表社員）間で吸収合併契約を締結し、存続会社及び
消滅会社（ともに株式会社）における事前開示手続を開始した後、吸収合併の
効力発生日までに、下記の手続等を行います。各々をどのような順序で進めて
いくか、同時並行的に進めていくかは、実情に応じて自由に決めることができ
ます（※）。

①　存続会社及び消滅会社における株主総会の決議や総社員の同意等による吸
　収合併契約の承認

②　存続会社及び消滅会社（ともに株式会社）の反対株主の株式買取手続

③　消滅会社（株式会社）の新株予約権者の新株予約権買取手続

④　存続会社及び消滅会社の債権者に対する債権者保護手続

⑤　消滅会社（株式会社）の株券提出公告手続・新株予約権証券提出公告手続

⑥　消滅会社（株式会社）の登録株式質権者・登録新株予約権質権者に対する
　通知又は公告手続　等

　また、吸収合併の効力発生日以降も、吸収合併による存続会社の変更登記と

消滅会社の解散登記、存続会社（株式会社）における事後開示手続等を行う必要があります。

　さらに、会社法が定める手続以外にも、必要に応じて、吸収合併契約の締結前に、①存続会社及び消滅会社における秘密保持契約の締結、②合併に関する覚書又は基本合意書の締結、③存続会社・消滅会社ごとに合併推進委員会の設置、④デューデリジェンスの実施、⑤株主・従業員・取引先等への説明等を行うこともあります。

　吸収合併においては、効力発生日までに必要となる手続が多く、債権者保護手続のように吸収合併の効力発生日までに手続が完了していないと、吸収合併の効力が生じないということもあるため（会社法750条6項、752条6項）、それらを漏れなく、瑕疵のないように行うためには、日程表の作成が必要不可欠となります。

（※）**持分会社における手続の整理**

　持分会社においては、相手方会社との吸収合併契約の締結後（事前開示手続を行う必要はありません。）、吸収合併の効力発生日までに、①総社員の同意による吸収合併契約の承認、②債権者保護手続等を行うことになりますが、それらをどのような順序で進めていくかは実情に応じて自由に決めることができます。吸収合併の効力発生日後も、吸収合併による存続会社の変更登記と消滅会社の解散登記を行う必要はありますが、事後開示手続を行う必要はありません。

2　吸収合併契約の締結

(1)　契約の締結

　吸収合併契約は、存続会社及び消滅会社の代表者間で締結されます。

(2)　吸収合併契約書の必要的記載事項

　吸収合併契約書の必要的記載事項は、次のとおりです。

ア　存続会社が株式会社の場合

　存続会社が株式会社の場合、吸収合併契約書には、次の事項を定めなければなりません。

① 存続会社及び消滅会社の商号及び住所（会社法749条1項1号）

② 存続会社が吸収合併に際して消滅会社の株主又は社員に対してその株式又は持分に代わる金銭等を交付するときは、当該金銭等についての次に掲げる事項

　(i) 当該金銭等が存続会社の株式であるときは、当該株式の数（種類株式発行会社にあっては、株式の種類及び種類ごとの数）又はその数の算定方法並びに当該存続会社の資本金及び準備金の額に関する事項（会社法749条1項2号イ）

　　＊ 存続会社の資本金の額は、存続会社が株式を交付したときに限り、株主資本等変動額の範囲内で吸収合併契約書において定めた額だけ増加します。募集株式の発行と異なり、資本金等増加限度額の2分の1以上を資本金に計上しなければならないという制約はありません。

　(ii) 当該金銭等が存続会社の社債（新株予約権付社債についてのものを除く。）であるときは、当該社債の種類及び種類ごとの各社債の金額の合計額又はその算定方法（会社法749条1項2号ロ）

　(iii) 当該金銭等が存続会社の新株予約権（新株予約権付社債に付されたものを除く。）であるときは、当該新株予約権の内容及び数又はその算定方法（会社法749条1項2号ハ）

　(iv) 当該金銭等が存続会社の新株予約権付社債であるときは、当該新株予約権付社債についての(ii)に規定する事項及び当該新株予約権付社債に付された新株予約権についての(iii)に規定する事項（会社法749条1項2号ニ）

　(v) 当該金銭等が存続会社の株式等以外の財産であるときは、当該財産の内容及び数若しくは額又はこれらの算定方法（会社法749条1項2号ホ）

③ ②の場合には、消滅会社の株主（消滅会社及び存続会社を除く。）又は社員（存続会社を除く。）に対する②の金銭等の割当てに関する

事項（会社法749条1項3号）

④　消滅会社が新株予約権を発行しているときは、存続会社が吸収合併に際して当該新株予約権の新株予約権者に対して交付する当該新株予約権に代わる当該存続会社の新株予約権又は金銭についての次に掲げる事項

(i)　当該消滅会社の新株予約権の新株予約権者に対して存続会社の新株予約権を交付するときは、当該新株予約権の内容及び数又はその算定方法（会社法749条1項4号イ）

(ii)　(i)の場合において、(i)の消滅会社の新株予約権が新株予約権付社債に付された新株予約権であるときは、存続会社が当該新株予約権付社債についての社債に係る債務を承継する旨並びにその承継に係る社債の種類及び種類ごとの各社債の金額の合計額又はその算定方法（会社法749条1項4号ロ）

(iii)　当該消滅会社の新株予約権の新株予約権者に対して金銭を交付するときは、当該金銭の額又はその算定方法（会社法749条1項4号ハ）

⑤　④の場合には、消滅会社の新株予約権の新株予約権者に対する④の存続会社の新株予約権又は金銭の割当てに関する事項（会社法749条1項5号）

⑥　吸収合併の効力発生日（会社法749条1項6号）

【吸収合併契約書例】

吸 収 合 併 契 約 書

【吸収合併存続会社】△△県△△市…

　　　　　　　　株式会社B

【吸収合併消滅会社】□□県□□市…

株式会社Ａ

　株式会社Ｂ（以下、「甲」という。）と　株式会社Ａ（以下、「乙」という。）とは、次のとおり吸収合併契約（以下、「本契約」という。）を締結する。

（吸収合併）

第1条　甲は、乙を合併して存続し、乙は、解散する。

（合併対価の交付及び割当てに関する事項）

第2条　甲は、合併に際して、普通株式30株を発行し、効力発生直前時の乙の株主名簿に記載された株主（甲の有する50株を除く）に対して、乙の株式1株に対して甲の株式0.6株の割合で割当交付する。

（増加すべき資本金及び資本準備金等）

第3条　甲が吸収合併により増加すべき資本金及び資本準備金等は、次のとおりとする。

⑴　資本金は増加しない。

⑵　この合併により増加すべき甲の資本金以外の資本準備金・利益準備金等に関する事項は、会社計算規則に従い甲が定める。

（吸収合併契約承認総会）

第4条　甲及び乙は、令和○年○月○日に、それぞれ株主総会（以下、「吸収合併契約承認総会」という。）を開催し、本契約の承認及び吸収合併実行に必要な事項に関する決議を求める。ただし、吸収合併手続進行上の必要性その他の事由により、甲乙協議の上、これを変更することができる。

（吸収合併がその効力を生ずる日）

第5条　吸収合併の効力発生日は、令和○年○月○日とする。ただし、吸収合併手続進行上の必要性その他の事由により、甲乙協議の上、これを変更することができる。

（会社財産の引き継ぎ）

第6条　乙は、合併の効力発生日までにおける計算を明確にして、合併効力発生日において、財産及び権利義務の一切を甲に引き継ぐものとする。

（会社財産の管理等）

第7条　甲及び乙は、本契約締結後吸収合併の効力発生日の前日に至るまで、善良なる管理者の注意をもってその業務の執行及び財産の管理、運営を行い、その財産及び権利義務に重大な影響を及ぼす行為については、予め甲乙協議し、合意の上、これを行う。

（吸収合併条件の変更及び本契約の解除）

第8条　本契約締結の日から吸収合併の効力発生日の前日までの間において、天災地変その他の事由により、甲又は乙の資産状態、経営状態に重大な変動が生じたときは、甲乙協議の上、吸収合併条件を変更し、又は本契約を解除することができる。

（本契約の効力）

第9条　本契約は、次のいずれかの場合には、その効力を失う。

⑴　第5条で定める本吸収合併の効力発生日までに、国内外の法令に定める関係官庁の承認等が得られなかった場合、又はかかる承認等に合併の実行に重大な支障をきたす条件若しくは制約等が付された場合

⑵　第4条に定める甲及び乙の吸収合併契約承認総会の承認が得られない場合

⑶　第8条に従い本契約が解除された場合

（本契約に定めのない事項）

第10条　本契約に定める事項のほか、吸収合併に関し必要な事項は、本契約の趣旨に従い、甲乙協議の上、定める。

　本契約締結の証として本書2通を作成し、甲乙記名押印の上、各自がこれを保有する。

　令和○年○月○日

```
　　　　　　　　　　　　（甲）△△県△△市…
　　　　　　　　　　　　　　　　株式会社B
　　　　　　　　　　　　　　　　代表取締役　△△　㊞
　　　　　　　　　　　　（乙）□□県□□市…
　　　　　　　　　　　　　　　　株式会社A
　　　　　　　　　　　　　　　　代表取締役　□□　㊞
```

イ　存続会社が持分会社の場合

　　存続会社が持分会社の場合、吸収合併契約書には、次の事項を定めなければなりません。

①　存続会社及び消滅会社の商号及び住所（会社法751条1項1号）

②　消滅会社の株主又は社員が吸収合併に際して存続会社の社員となるときは、次の存続会社の区分に応じ、各々に定める事項

　（i）　合名会社　当該社員の氏名又は名称及び住所並びに出資の価額（会社法751条1項2号イ）

　（ii）　合資会社　当該社員の氏名又は名称及び住所、当該社員が無限責任社員又は有限責任社員のいずれであるかの別並びに当該社員の出資の価額（会社法751条1項2号ロ）

　（iii）　合同会社　当該社員の氏名又は名称及び住所並びに出資の価額（会社法751条1項2号ハ）

③　存続会社が吸収合併に際して消滅会社の株主又は社員に対してその株式又は持分に代わる金銭等（存続会社の持分を除く。）を交付するときは、当該金銭等についての次に掲げる事項

　（i）　当該金銭等が存続会社の社債であるときは、当該社債の種類及び種類ごとの各社債の金額の合計額又はその算定方法（会社法751条1項3号イ）

　（ii）　当該金銭等が存続会社の社債以外の財産であるときは、当該財産の内容及び数若しくは額又はこれらの算定方法（会社法751条1項

3号ロ)

④　③の場合には、消滅会社の株主(株式会社である消滅会社及び持分会社である存続会社を除く。)又は社員(存続会社を除く。)に対する③の金銭等の割当てに関する事項(会社法751条1項4号)

⑤　消滅会社が新株予約権を発行しているときは、存続会社が吸収合併に際して当該新株予約権の新株予約権者に対して交付する当該新株予約権に代わる金銭の額又はその算定方法(会社法751条1項5号)

⑥　⑤の場合には、株式会社である消滅会社の新株予約権の新株予約権者に対する⑤の金銭の割当てに関する事項(会社法751条1項6号)

⑦　吸収合併の効力発生日(会社法751条1項7号)

【吸収合併契約書例】

吸　収　合　併　契　約　書

【吸収合併存続会社】△△県△△市…
　　　　　　　　　　合資会社B
【吸収合併消滅会社】□□県□□市…
　　　　　　　　　　株式会社A

　合資会社B(以下、「甲」という。)と、株式会社A(以下、「乙」という。)とは、次のとおり吸収合併契約(以下、「本契約」という。)を締結する。

(吸収合併)
第1条　甲は、乙を合併して存続し、乙は、解散する。
(吸収合併消滅会社の株主に対して交付する対価及びその割当てに関する事項)
第2条　甲は合併に際して、乙の発行済株式1,000株全てを所有している

ので、対価の交付及び社員として入社することはない。

（吸収合併契約承認総会）

第３条　甲及び乙は、令和〇年〇月〇日までに、甲は総社員の同意をもっ
て、乙は株主総会決議をもって、本契約の承認及び吸収合併実行に必要
な事項に関する決議を求める。ただし、吸収合併手続進行上の必要性そ
の他の事由により、甲乙協議の上、これを変更することができる。

（吸収合併がその効力を生ずる日）

第４条　吸収合併の効力発生日は、令和〇年〇月〇日とする。ただし、吸
収合併手続進行上の必要性その他の事由により、甲乙協議の上これを変
更することができる。

（会社財産の引き継ぎ）

第５条　乙は、合併の効力発生日までにおける計算を明確にして、合併効
力発生日において、財産及び権利義務の一切を甲に引き継ぐものとする。

（会社財産の管理等）

第６条　甲及び乙は、本契約締結後吸収合併の効力発生日の前日に至るま
で、善良なる管理者の注意をもってその業務の執行及び財産の管理、運
営を行い、その財産及び権利義務に重大な影響を及ぼす行為については、
あらかじめ甲乙協議し、合意の上、これを行う。

（吸収合併条件の変更及び本契約の解除）

第７条　本契約締結の日から吸収合併の効力発生日の前日までの間におい
て、天災地変その他の事由により、甲又は乙の資産状態、経営状態に重
大な変動が生じたときは、甲乙協議の上、吸収合併条件を変更し、又は
本契約を解除することができる。

（本契約の効力）

第８条　本契約は、次の各号のいずれかの場合には、その効力を失う。

(1)　第４条で定める本吸収合併の効力発生日までに、国内外の法令に定
める関係官庁の承認等が得られなかった場合、またはかかる承認等に
合併の実行に重大な支障をきたす条件若しくは制約等が付された場合

(2)　第3条に定める甲及び乙の吸収合併契約の承認が得られない場合

(3)　第7条に従い本契約が解除された場合

（本契約に定めのない事項）

第9条　本契約に定める事項のほか、吸収合併に関し必要な事項は、本契約の趣旨にしたがい、甲乙協議の上、定める。

　本契約締結の証として本書1通を作成し、甲乙記名押印の上、甲がこれを保有する。

　令和○年○月○日

（甲）△△県△△市…

合資会社B

代表社員　　△△　　㊞

（乙）□□県□□市…

株式会社A

代表取締役　□□　㊞

⑶　**吸収合併の効力発生を条件とする定款変更・役員変更**

　　吸収合併の効力発生を条件とする存続会社の定款変更や役員変更に関する事項は、吸収合併契約の必要的記載事項とされていません。契約書に任意的にそれらの事項を定めることは問題ありませんが、その定めは債権的効力を有するにとどまります。

　　そのため、吸収合併の効力発生を条件として、定款変更や役員変更の効力を生じさせるためには、吸収合併契約の承認とは別に、定款変更や役員変更の承認決議を経る必要があります。なお、その決議は存続会社においてなされれば足り、消滅会社において決議がなされる必要はありません。

3　業務執行の意思決定の手続

　吸収合併契約は、存続会社及び消滅会社の代表者間で締結しますが、代表者が単独で決定して契約を締結するわけではありません。吸収合併契約の締結は、「重要な業務執行行為」に該当するため、それに先立ち、業務執行の意思決定機関により事前の承認がなされることが一般的です。実務上、事後に承認することで事前の承認を省略する扱いとすることも多いようですが、原則的には、業務執行の意思決定は、吸収合併契約締結の前と後でなされるものであると思われます。

　具体的には、株式会社の場合は、取締役会設置会社においては取締役会の決議（会社法362条2項1号）、取締役会非設置会社においては取締役の決定（取締役が複数いるときは取締役の過半数の一致）（会社法348条2項）が必要となります。また、持分会社の場合は、定款に別段の定めがある場合を除き、各社員が業務執行権を有し（会社法590条1項）、業務執行社員を定款で定めているときは、当該社員が業務執行権を有するとされているので（会社法591条1項）、それら業務執行権を有する社員の決定（業務執行権を有する社員が複数いるときは、定款に別段の定めがある場合を除き、その社員の過半数の一致）が必要となります（会社法590条2項、591条1項）。

　吸収合併契約の締結前に、業務執行の意思決定機関において、将来締結する吸収合併契約の承認をすることができるかという点については議論があるようなので、念のため、契約締結後にも業務執行の意思決定機関で吸収合併契約を締結したことを承認することが望ましいとされているようです。また、契約締結後の業務執行の意思決定において、株式会社では、吸収合併を承認する株主総会の招集事項等の決定をしたり、持分会社では、総社員の同意等を取り付けるためのスケジュール等の決定をしたりすることが多いように思います。

　このように吸収合併契約の締結前後において、業務執行の意思決定機関（株式会社の場合、取締役会設置会社においては取締役会、取締役会非設置会社においては取締役の決定（取締役が複数いるときは取締役の過半数の一致）、ま

た持分会社の場合、業務執行権を有する社員の決定（業務執行権を有する社員が複数いるときは、定款に別段の定めがある場合を除き、その社員の過半数の一致））における吸収合併契約の締結についての事前事後の承認（株主総会においては、合併の承認を行う株主総会の招集事項の決定を含む。）が会社法上の規定に従って招集・開催等される必要があります。吸収合併の手続を瑕疵なく行うためにも、業務執行の意思決定がなされるプロセスを理解することは重要なので、本項においては、それらの招集・開催・議事録作成等の基本的な仕組みを確認していきます。

(1) **株式会社の業務執行の意思決定**

ア **取締役会設置会社の場合**

① 取締役会の招集権者

取締役会は、各取締役が招集します（会社法366条1項本文）。ただし、取締役会を招集する取締役を定款又は取締役会で定めたときは、その取締役が招集します（同項但書。なお、招集する取締役を定めた場合でも、定められた取締役以外の取締役は、招集権者に対し、取締役会の目的である事項を示して、取締役会の招集を請求することができます（同条2項）。）。

② 取締役会の招集手続

取締役会を招集する者は、取締役会の日の1週間（これを下回る期間を定款で定めた場合にあっては、その期間）前までに、各取締役（監査役設置会社にあっては、各取締役及び各監査役）に対してその通知を発しなければなりません（会社法368条1項）。

ただし、取締役（監査役設置会社にあっては、取締役及び監査役）の全員の同意があるときは、招集の手続を経ることなく開催することができます（同条2項）。

③ 取締役会の決議要件

取締役会の決議は、議決に加わることができる取締役の過半数（これを上回る割合を定款で定めた場合にあっては、その割合以上）が出席し、

その過半数（これを上回る割合を定款で定めた場合にあっては、その割合以上）をもって行います（会社法369条1項）。なお、取締役会への取締役の代理出席は認められません（昭和27年12月27日民甲第905号民事局長通達）。

ただし、代表取締役の解任決議における当該代表取締役のように、特別の利害関係を有する取締役は、議決に加わることができません（最判昭和44年3月28日民集23巻3号645頁、昭和26年10月3日民甲第1940号民事局長回答、会社法369条2項）。例えば、取締役会を構成する取締役3名中の2名が特別の利害関係を有する取締役に該当する場合、取締役会に取締役全員が出席しており、このうちの利害関係を有しない取締役1名が賛成している以上、出席取締役の過半数の賛成があったことになるので取締役会の決議は有効となります（昭和45年3月2日民甲第876号民事局長通達、昭和60年3月15日民四第1603号民事局第四課長回答）。
④　取締役会議事録の作成

取締役会の議事については、会社法施行規則101条3項・4項で定めるところにより、(i)取締役会が開催された日時及び場所、(ii)議事の経過の要領及びその結果等（※）を記載した議事録を作成し、議事録が書面をもって作成されているときは、出席した取締役及び監査役（出席し第1号議案の決議に先立って退場した者も含む（昭和38年5月25日民四第118号民事局第四課長回答）。）は、これに署名し、又は記名押印しなければなりません（会社法369条3項。会計限定監査役は、取締役会への出席義務はありませんが、任意に出席した場合は本規定により議事録に署名し、又は記名押印しなければなりません。）。取締役会終了後に取締役の中に死亡その他やむを得ない事由により署名又は記名押印をすることができない者がいるときは、その事由を証する書面を添付し、その他の出席取締役の署名又は記名押印がある場合、取締役会議事録につき出席取締役の過半数（定款をもって決議の要件を加重した場合には、その加重された数以上）の署名又は記名押印がある場合には、出席取締役全

　　員の署名又は記名押印がなくても登記手続上、添付書類としての要件を満たします（昭和28年10月2日民甲第1813号民事局長回答）。なお、取締役会の決議に参加した取締役であって取締役会議事録に異議をとどめない者は、その決議に賛成したものと推定されます（会社法369条5項）。

　　　また、取締役会議事録は、1通の議事録に出席取締役及び監査役の全員が署名又は記名押印をする必要があります。取締役会議事録を数通作成し、各議事録に一部の取締役のみが署名又は記名押印し、それらをすべて合わせて出席取締役及び監査役の全員が署名又は記名押印したとする作成方法は認められません（昭和36年5月1日民四第81号民事局第四課長事務代理回答）。

（※）会社法施行規則101条3項・4項に定める取締役会議事録の記載事項

　会社法施行規則101条3項・4項に定める取締役会議事録の記載事項は次のとおりです。

1　取締役会が開催された日時及び場所（当該場所に存しない取締役（監査等委員会設置会社にあっては、監査等委員である取締役又はそれ以外の取締役）、執行役、会計参与、監査役、会計監査人又は株主が取締役会に出席をした場合における当該出席の方法を含む。）（会社法施行規則101条3項1号）

　※　テレビ会議システム等を利用して複数の場所で取締役会を開催することもできますが、単に取締役会の様子を映像で確認するだけでは足りず、出席者の音声が即時に他の出席者に伝わり、出席者が一堂に会するのと同時に適時的確な意見表明が相互に可能な状態となっている必要があるとされています（電話会議システムを用いた取締役会議事録の記載方法につき、平成14年12月18日民商第3044号民事局商事課長回答）。

2　取締役会が会社法373条2項の取締役会であるときは、その旨（会社法施行規則101条3項2号）

3　取締役会が次に掲げるいずれかのものに該当するときは、その旨

⑴　会社法366条2項の規定による取締役の請求を受けて招集されたもの（会社法施行規則101条3項3号イ）

⑵　会社法366条3項の規定により取締役が招集したもの（会社法施行規則101条3項3号ロ）

⑶　会社法367条1項の規定による株主の請求を受けて招集されたもの（会社法施行規則101条3項3号ハ）

⑷　会社法367条3項において準用する同法366条3項の規定により株主が招集したもの（会社法施行規則101条3項3号ニ）

(5)　会社法383条 2 項の規定による監査役の請求を受けて招集されたもの（会社法施行規則101条 3 項 3 号ホ）

(6)　会社法383条 3 項の規定により監査役が招集したもの（会社法施行規則101条 3 項 3 号ヘ）

(7)　会社法399条の14の規定により監査等委員会が選定した監査等委員が招集したもの（会社法施行規則101条 3 項 3 号ト）

(8)　会社法417条 1 項の規定により指名委員会等の委員の中から選定された者が招集したもの（会社法施行規則101条 3 項 3 号チ）

(9)　会社法417条 2 項前段の規定による執行役の請求を受けて招集されたもの（会社法施行規則101条 3 項 3 号リ）

(10)　会社法417条 2 項後段の規定により執行役が招集したもの（会社法施行規則101条 3 項 3 号ヌ）

4　取締役会の議事の経過の要領及びその結果（会社法施行規則101条 3 項 4 号）

5　決議を要する事項について特別の利害関係を有する取締役があるときは、当該取締役の氏名（会社法施行規則101条 3 項 5 号）

6　次に掲げる規定により取締役会において述べられた意見又は発言があるときは、その意見又は発言の内容の概要

(1)　会社法365条 2 項（同法419条 2 項において準用する場合を含む。）（会社法施行規則101条 3 項 6 号イ）

(2)　会社法367条 4 項（会社法施行規則101条 3 項 6 号ロ）

(3)　会社法376条 1 項（会社法施行規則101条 3 項 6 号ハ）

(4)　会社法382条（会社法施行規則101条 3 項 6 号ニ）

(5)　会社法383条 1 項（会社法施行規則101条 3 項 6 号ホ）

(6)　会社法399条の 4 （会社法施行規則101条 3 項 6 号ヘ）

(7)　会社法406条（会社法施行規則101条 3 項 6 号ト）

(8)　会社法430条の 2 第 4 項（会社法施行規則101条 3 項 6 号チ）

7　取締役会に出席した執行役、会計参与、会計監査人又は株主の氏名又は名称（会社法施行規則101条 3 項 7 号）

※　取締役会に出席した取締役又は監査役が本規定に含まれていないのは、出席取締役及び監査役には、取締役会の議事録に署名又は記名押印する義務があるためです。しかし、取締役会議事録に記載してはいけないということではありません。

8　取締役会の議長が存するときは、議長の氏名（会社法施行規則101条 3 項 8 号）

※　取締役会の議長の選任方法については、会社法上の規定が存在せず、議長を定めることは必須ではありませんが、実務上、定款に議長の定めやその選任方法の規定を設けることが多く、それにより定められた者が議長となります。また、そのような定款規定がないときは、取締役の互選等で選任することが一般的です。

9　次の(1)及び(2)の場合には、取締役会の議事録は、各々に定める事項

(1)　会社法370条の規定により取締役会の決議があったものとみなされた場合は、次に掲げる事項
　　ア　取締役会の決議があったものとみなされた事項の内容（会社法施行規則101条4項1号イ）
　　イ　アの事項の提案をした取締役の氏名（会社法施行規則101条4項1号ロ）
　　ウ　取締役会の決議があったものとみなされた日（会社法施行規則101条4項1号ハ）
　　エ　議事録の作成に係る職務を行った取締役の氏名（会社法施行規則101条4項1号ニ）
(2)　会社法372条1項（同条3項の規定により読み替えて適用する場合を含む。）の規定により取締役会への報告を要しないものとされた場合は、次に掲げる事項
　　ア　取締役会への報告を要しないものとされた事項の内容（会社法施行規則101条4項2号イ）
　　イ　取締役会への報告を要しないものとされた日（会社法施行規則101条4項2号ロ）
　　ウ　議事録の作成に係る職務を行った取締役の氏名（会社法施行規則101条4項2号ハ）

【取締役会議事録例】

取 締 役 会 議 事 録

　令和○年○月○日午前○○時○○分より本店において、取締役会を開催した。

取締役総数	3名	出席取締役数	3名
監査役総数	1名	出席監査役	1名

出席役員
　代表取締役　　　○○○○（議長兼議事録作成者）
　取　締　役　　　○○○○
　取　締　役　　　○○○○
　監　査　役　　　○○○○

　上記のとおり出席があったので定刻代表取締役○○○○は選ばれて議長となり開会を宣し直ちに議事に入った。

第1号議案　　吸収合併契約の締結の件

議長は、別紙契約書のとおり、当会社と株式会社△△（本店所在地　○○県○○市…）間において吸収合併契約を締結する必要がある旨を述べ、慎重協議の結果、全員一致をもって可決確定した。

以上をもって本取締役会の議案全部を終了したので、議長は閉会の挨拶を述べ、午前○○時○○分散会した。

上記の決議を明確にするため、この議事録を作成し、議長並びに出席取締役及び監査役が次に記名押印する。

令和○年○月○日

　　　　　　　　　　　　　　　　　株式会社○○　取締役会

　　　　　　　　　　　　　　　　　議　　　長

　　　　　　　　　　　　　　　　　代表取締役　　○○○○　㊞

　　　　　　　　　　　　　　　　　取　締　役　　○○○○　㊞

　　　　　　　　　　　　　　　　　取　締　役　　○○○○　㊞

　　　　　　　　　　　　　　　　　監　査　役　　○○○○　㊞

⑤　取締役会決議の省略

　取締役が取締役会の決議の目的である事項について提案をした場合において、当該提案につき取締役（当該事項について議決に加わることができるものに限る。）の全員が書面又は電磁的記録により同意の意思表示をしたとき（監査役設置会社にあっては、監査役が当該提案について異議を述べたときを除く。）は、当該提案を可決する旨の取締役会の決議があったものとみなす旨を定款で定めることができます（会社法370条）。

　この取締役会の決議があったものとみなされる場合には、①取締役会の決議があったものとみなされた事項の内容（会社法施行規則101条4項1

号イ）、②①の事項の提案をした取締役の氏名（同号ロ）、③取締役会の決
議があったものとみなされた日（同号ハ）、④議事録の作成に係る職務を
行った取締役の氏名（同号ニ）等を内容とする議事録を作成する必要があ
ります。

【議事録例】

取締役会議事録（書面決議）

　令和○年○月○日、代表取締役○○○○が当会社の取締役及び監査役の
全員に対して提案書を発し、当該提案につき取締役全員から書面により同
意の意思表示を得、かつ、監査役の異議がなかったので、会社法第370条
に基づき、当該提案を可決する旨の取締役会の決議があったものとみなさ
れた。

１．取締役会の報告及び決議があったとみなされた日　令和○年○月○日
２．取締役会の決議があったものとみなされた事項の提案者　代表取締役
　　○○○○
３．取締役会の決議があったものとみなされた事項の内容

　　議案　吸収合併契約の締結の件
　　　別紙契約書のとおり、当会社と株式会社△△（本店所在地　○○県
　　○○市…）間において吸収合併契約を締結すること。

　上記のとおり、取締役会の決議の省略を行ったので、取締役会の決議が
あったものとみなされた事項を明確にするため、本議事録を作成し、議事
録作成者がこれに記名押印する。

令和○年○月○日

株式会社○○　取締役会

議　　長

代表取締役　　○○○○　㊞

議事録作成者

【提案書】

提　案　書

令和○年○月○日

取締役及び監査役　各位

○○県○○市…

株式会社○○

代表取締役　○○○○

　会社法第370条及び定款第○条の規定に基づき、取締役会の決議事項に関して下記のとおりご提案申し上げます。

　取締役におかれましては、本提案事項を御検討いただき提案内容につき同意される場合には、添付の同意書に御署名・御捺印の上、令和○年○月○日までにご返送ください。

　監査役におかれましては、本提案事項を御検討いただき提案内容に関する異議の有無を添付の確認書に記入し、御署名、御捺印の上、令和○年○月○日までにご返送ください。

　本提案内容に関して同日までに取締役全員が同意し、かつ、監査役の異議がない場合は、令和○年○月○日に本提案事項を可決する旨の取締役会決議があったものとみなすことといたします。

記

　提案事項

　　議　案　吸収合併契約の締結の件

　　　　　　別紙契約書のとおり、当会社と株式会社△△（本店所在地

　　　　○○県○○市…）間において吸収合併契約を締結すること。

　　　　　　　　　　　　　　　　　　　　　　　　　　　　以　　上

【同意書】

同　意　書

令和○年○月○日

株式会社○○

　代表取締役○○○○　殿

○○県○○市…

取締役　○○○○　㊞

　私は、会社法第370条及び定款第○条の規定に基づき、令和○年○月○
日付提案書による提案事項について、異議なく同意します。

【確認書】

確　認　書

令和○年○月○日

株式会社○○

　代表取締役○○○○　殿

○○県○○市…

　　　　　　　　　　　　　　　監査役　　○○○○　　㊞

　私は、令和○年○月○日付提案書による提案事項について異議の有無を
以下のとおり確認します。
　１．提案事項について、異議　（　　有　・　無　　）
　　　　　　　　　　　　　　　※　いずれかを「○」で囲ってください。
　２．異議がある場合はその内容

⑥　株主総会の招集事項の決定
　　株主総会の招集をする際、取締役会設置会社においては、原則的に取
　締役会の決議によって、招集事項を決定することになります（会社法
　298条４項）。会社法及び会社法施行規則によって次のように決定事項が
　定められているので、実際に開催する株主総会の態様に合った事項を決
　定することになります。
　⒤　株主総会の日時及び場所（会社法298条１項１号）
　　　＊　株主総会は、場所が離れた複数の会場で開催することもでき
　　　　ます。その場合は、株主総会は１つの会議体なので、情報伝達
　　　　の双方向性と即時性を確保するシステムにより会議体としての
　　　　一体性が確保されている必要があります。そのようなシステム
　　　　が確保されていれば、ビデオ会議や電話会議による開催も認め
　　　　られます。
　⑪　株主総会の目的である事項があるときは、当該事項（同項２号）
　⑫　株主総会に出席しない株主が書面によって議決権を行使すること
　　　ができることとするときは、その旨（同項３号）
　⑭　株主総会に出席しない株主が電磁的方法によって議決権を行使す
　　　ることができることとするときは、その旨（同項４号）
　⒱　招集するのが定時株主総会である場合において、①その開催日が

前事業年度に係る定時株主総会の日に応当する日と著しく離れた日であるとき、及び②公開会社において定時株主総会の開催日と同一の日に定時株主総会を開催する他の株式会社（公開会社に限る。）が著しく多いときは、その日時を決定した理由（会社法施行規則63条1号イ・ロ、会社法298条1項5号）

(vi) 株主総会の場所が過去に開催した株主総会のいずれの場所とも著しく離れた場所であるとき（その場所が定款で定められたものである場合及びその場所で開催することについて株主総会に出席しない株主全員の同意がある場合を除く。）は、その場所を決定した理由（会社法施行規則63条2号イ・ロ、会社法298条1項5号）

　＊　この事項は、株主の株主総会への出席を困難にする目的で開催場所を変更したかどうかを判断するために決定することとされている事項です。そのため、「著しく離れた場所」は、過去に株主総会が開催された場所からの移動に相当な時間と費用を要し、株主が株主総会に出席することが困難となるような場所のことを意味すると解されています。

(vii) 書面又は電磁的方法による議決権行使についての事項を定めたときは、次に掲げる事項（定款に(b)から(d)まで及び(f)に掲げる事項についての定めがある場合又はこれらの事項の決定を取締役に委任する旨を決定した場合における当該事項を除く。）

(a) 会社法施行規則第4章第1節第2款の規定により株主総会参考書類に記載すべき事項（同規則85条の2第3号、85条の3第3号、86条3号及び4号、87条3号及び4号、88条3号及び4号、89条3号、90条3号、91条3号、91条の2第3号並びに92条3号に掲げる事項を除く。）（会社法施行規則63条1項3号イ、会社法298条1項5号）

(b) 特定の時（株主総会の日時以前の時であって、会社法299条1項の規定により通知を発した日から2週間を経過した日以後の時

に限る。）をもって書面による議決権の行使の期限とする旨を定めるときは、その特定の時（会社法施行規則63条1項3号ロ、会社法298条1項5号）

(c)　特定の時（株主総会の日時以前の時であって、会社法299条1項の規定により通知を発した日から2週間を経過した日以後の時に限る。）をもって電磁的方法による議決権の行使の期限とする旨を定めるときは、その特定の時（会社法施行規則63条1項3号ハ、会社法298条1項5号）

(d)　会社法施行規則66条1項2号の取扱いを定めるときは、その取扱いの内容（会社法施行規則63条1項3号ニ、会社法298条1項5号）

(e)　会社法施行規則94条1項の措置をとることにより株主に対して提供する株主総会参考書類に記載しないものとする事項（会社法施行規則63条1項3号ホ、会社法298条1項5号）

(f)　一の株主が同一の議案につき次に掲げる場合の区分に応じ、次に定める規定により重複して議決権を行使した場合において、当該同一の議案に対する議決権の行使の内容が異なるものであるときにおける当該株主の議決権の行使の取扱いに関する事項を定めるとき（(viii)の場合を除く。）は、その事項（会社法施行規則63条1項3号ヘ、会社法298条1項5号）

　　・書面による議決権行使についての事項を定めた場合は、会社法311条1項

　　・電磁的方法による議決権行使についての事項を定めた場合は、会社法312条1項

(viii)　書面又は電磁的方法による議決権行使についての事項を定めたときは、次に掲げる事項（定款に(a)から(c)までに掲げる事項についての定めがある場合における当該事項を除く。）

(a)　会社法299条3項の承諾をした株主の請求があった時に当該株

主に対して議決権行使書面（同法301条1項に規定する議決権行使書面をいいます。）の交付（当該交付に代えて行う同条2項の規定による電磁的方法による提供を含む。）をすることとするときは、その旨（会社法施行規則63条1項4号イ、会社法298条1項5号）

(b)　一の株主が同一の議案につき会社法311条1項又は312条1項の規定により重複して議決権を行使した場合において、当該同一の議案に対する議決権の行使の内容が異なるものであるときにおける当該株主の議決権の行使の取扱いに関する事項を定めるときは、その事項（会社法施行規則63条1項4号ロ、会社法298条1項5号）

(c)　電子提供措置をとる旨の定款の定めがある場合において、会社法299条3項の承諾をした株主の請求があった時に議決権行使書面に記載すべき事項に係る情報について電子提供措置をとることとするときはその旨（会社法施行規則63条1項4号ハ、会社法298条1項5号）

(ix)　会社法310条1項の規定による代理人による議決権の行使について、代理権（代理人の資格を含む。）を証明する方法、代理人の数その他代理人による議決権の行使に関する事項を定めるとき（定款に当該事項についての定めがある場合を除く。）は、その事項（会社法施行規則63条1項5号、会社法298条1項5号）

＊　株主に議決権行使の機会を保障するため、株主の議決権の代理行使を禁止することは、定款においてもすることができません。ただし、代理人の資格を当該会社の株主に限定する旨の定款の定め等については、株主総会が株主以外の者により攪乱されることを防止するための合理的な理由があるとして、有効とされています。

(x)　会社法313条2項の規定による通知の方法を定めるとき（定款に当該通知の方法についての定めがある場合を除く。）は、その方法

（会社法施行規則63条 1 項 6 号、会社法298条 1 項 5 号）

(xi)　(vii)以外の場合において、次に掲げる事項が株主総会の目的である事項であるときは、当該事項に係る議案の概要（議案が確定していない場合にあっては、その旨）

 (a)　役員等の選任（会社法施行規則63条 1 項 7 号イ、会社法298条 1 項 5 号）

 (b)　役員等の報酬等（会社法施行規則63条 1 項 7 号ロ、会社法298条 1 項 5 号）

 (c)　全部取得条項付種類株式の取得（会社法施行規則63条 1 項 7 号ハ、会社法298条 1 項 5 号）

 (d)　株式の併合（会社法施行規則63条 1 項 7 号ニ、会社法298条 1 項 5 号）

 (e)　会社法199条 3 項又は200条 2 項に規定する場合における募集株式を引き受ける者の募集（会社法施行規則63条 1 項 7 号ホ、会社法298条 1 項 5 号）

 (f)　会社法238条 3 項各号又は239条 2 項各号に掲げる場合における募集新株予約権を引き受ける者の募集（会社法施行規則63条 1 項 7 号ヘ、会社法298条 1 項 5 号）

 (g)　事業譲渡等（会社法施行規則63条 1 項 7 号ト、会社法298条 1 項 5 号）

 (h)　定款の変更（会社法施行規則63条 1 項 7 号チ、会社法298条 1 項 5 号）

 (i)　合併（会社法施行規則63条 1 項 7 号リ、会社法298条 1 項 5 号）

 (j)　吸収分割（会社法施行規則63条 1 項 7 号ヌ、会社法298条 1 項 5 号）

 (k)　吸収分割による他の会社がその事業に関して有する権利義務の全部又は一部の承継（会社法施行規則63条 1 項 7 号ル、会社法298条 1 項 5 号）

　　⑴　新設分割（会社法施行規則63条１項７号ヲ、会社法298条１項
　　　　５号）

　　㈜　株式交換（会社法施行規則63条１項７号ワ、会社法298条１項
　　　　５号）

　　㈠　株式交換による他の株式会社の発行済株式全部の取得（会社法
　　　　施行規則63条１項７号カ、会社法298条１項５号）

　　㈹　株式移転（会社法施行規則63条１項７号ヨ、会社法298条１項
　　　　５号）

　　⑼　株式交付（会社法施行規則63条１項７号タ、会社法298条１項
　　　　５号）

⑦　株主総会の招集通知の発送

　取締役は、株主総会の日の２週間（書面又は電磁的記録による議決権
行使についての事項を定めたときを除き、非公開会社にあっては、１週
間（取締役会設置会社においては、定款によりこの期間を伸長すること
はできますが、取締役会非設置会社と異なり当該期間を短縮することは
できません。）までに、株主（議決権行使の基準日が定められている場
合は、基準日時点の株主）に対して⑥の招集事項が記載された書面にて
招集通知を発しなければなりません（会社法299条２項２号、４項）。ま
た、取締役は、書面による通知の発出に代えて、政令で定めるところに
より、株主の承諾を得て、招集事項が記録された電磁的方法により通知
を発することができ、その場合は、書面による通知を発したものとみな
されます（同条３項・４項）。なお、定款に電子提供措置をとる旨の定
めのある株式会社は、自社のＨＰ等に株主総会資料を掲載し、そのアド
レスを招集通知に記載等して株主に通知することができます（会社325
条の２以下）。

　株主総会の招集は業務の執行にあたらないため、法文上、招集権者は、
各取締役とされていますが、定款において招集権者の規定が設けられる
のが一般的なので、実務上、その者から招集通知が発送されることが多

いです。

　また、書面又は電磁的方法による議決権行使についての事項を定めたときは、招集通知の発送時に会社法施行規則86条で定める株主の議決権行使について参考になる事項（※）を記載した株主総会参考書類を交付する必要があります（会社法301条1項、302条2項）。

　なお、書面又は電磁的方法による議決権行使についての事項を定めたときを除き、株主の全員の同意があるときは、招集手続を経ることなく株主総会を開催することができます（会社法300条）。また、招集手続を経ずに開催された株主総会であっても出席株主全員が株主総会の開催に同意して出席する場合は、株主総会を開催することができます（最判昭和60年12月20日民集39巻8号1869号）。

（※）**会社法施行規則86条で定める株主の議決権行使について参考になる事項**
株主総会参考書類には、次の事項を記載する必要があります。
1　当該吸収合併を行う理由
2　吸収合併契約の内容の概要
3　当該株式会社が吸収合併消滅株式会社である場合において、会社法298条1項の決定をした日における会社法施行規則182条1項各号（5号及び6号を除く。）に掲げる事項があるときは、当該事項の内容の概要
4　当該株式会社が吸収合併存続株式会社である場合において、会社法298条1項の決定をした日における会社法施行規則191条各号（6号及び7号を除く。）に掲げる事項があるときは、当該事項の内容の概要

【期間短縮同意書例】

同　意　書

株式会社○○
　代表取締役　○○　殿
　私は、令和○年○月○日開催予定の貴社の臨時株主総会が法令に定める

招集期間を短縮して開催されることにつき、同意します。

　　令和○年○月○日

　　　　　　　　　　　　　　　株主　住所　○○県○○市…

　　　　　　　　　　　　　　　　　　氏名　○○○○　㊞

　　　　　　　　　　　　　　　　　　（所有株式数　○○株）

イ　取締役会非設置会社の場合

① 取締役の決定

　　取締役会非設置会社においては、取締役の決定（取締役が複数いるときは取締役の過半数の一致）により業務執行の意思決定がなされます（会社法348条2項）。吸収合併契約の締結前の決定や締結後の承認に加え、前記ア⑥の株主総会の招集事項も決定されます。決定は、取締役会のように会議を開催する必要はなく、いわゆる「持回り決議」の方法によることもできます。

② 決定書の作成

　　取締役会設置会社においては、取締役会議事録の作成義務がありますが、取締役会非設置会社における取締役の決定書（取締役が複数いるときは、取締役の過半数の一致による決定があったことを証する書面）（以下、本項において「決定書」といいます。）についての作成義務はありません。ただし、商業登記申請の際に、添付書類として決定書が必要になることがあります（商業登記法46条1項）。

　　決定書の内容は、実務上、①当該決定のなされた日付、②決定した事項の内容、③取締役の過半数が賛成した旨が記載され、④賛成した取締役の署名又は記名押印がなされていれば要件を満たすと考えられているようです。押印すべき印鑑についての制限はありませんが、取締役の互選により代表取締役を選定した場合は、商業登記規則61条6項の規定に従うことになります。

【取締役の決定書例】

決　定　書

　令和〇年〇月〇日、当会社の取締役は全員一致により下記の事項を決定した。

１．吸収合併契約の締結の件

　　別紙契約書のとおり、当会社と株式会社△△（本店所在地　〇〇県〇〇市…）間において吸収合併契約を締結すること。

　上記の決定事項を明確にするため本決定書を作成し、取締役全員が次に記名押印する。

　令和〇年〇月〇日

株式会社〇〇

取締役　〇〇〇〇　㊞

取締役　〇〇〇〇　㊞

取締役　〇〇〇〇　㊞

---

　③　株主総会の招集通知の発送

　　　招集通知の発送については、基本的には、前述ア⑦の取締役会設置会社の場合と同様ですが、取締役会設置会社と異なり、招集事項に書面又は電磁的記録による議決権行使についての事項を定めていないときは、通知は、書面ではなく、口頭で行うこともできます（会社法299条2項）。

　ウ　基準日の設定

　　株主の入れ替えが少ない中小企業においては、特に基準日を定めずに

臨時株主総会を開催することが多いと思われます。その際は、株主総会の開催時点を基準日にしたのと同様とみなされます。しかし、中小企業であっても株主の入れ替えが頻繁に生じる会社においては、基準日を定めて当該日において株主名簿に記載又は記録されている株主（以下、「基準日株主」といいます。）に株主総会での議決権行使をさせることになります（会社法124条1項）。定款に基準日についての定めがない場合は、基準日の2週間前までに基準日及び基準日株主が行使することのできる権利（基準日から3か月以内に行使するものに限る。）の内容を定款に定める公告方法によって公告する必要があります（同条2項・3項）。なお、定款に公告方法についての定めがないときは、官報に掲載する方法によって公告をすることになります（会社法939条4項）。

【基準日公告】

基準日設定につき通知公告

　当社は、令和○年○月○日を基準日と定め、同日○○時現在の株主名簿上の株主をもって、令和○年○月○日開催予定の株主総会における議決権を行使できる株主と定めましたので公告します。

　　令和○年○月○日

　　　　□□県□□市…

　　　　　　　　　（甲）株式会社□□

　　　　　　　　　　代表取締役　　□□

※　実際の公告は縦書きです。

(2)　持分会社の業務執行の意思決定

ア　業務執行権を有する社員の決定

　　持分会社においては、業務執行の意思決定は、業務執行権を有する社員の決定（業務執行権を有する社員が複数いるときは、定款に別段の定

めがある場合を除き、その社員の過半数の一致）により行われます（会
社法590条2項、591条1項）。業務執行権を有する社員が複数いるとき
でも、取締役会のように会議を開催する必要はなく、いわゆる「持回り
決議」の方法によることもできます。

　また、持分会社の場合、定款に別段の定めがある場合を除き、各社員
が業務執行権を有するため（会社法590条1項）、社員の決定（社員が複
数いるときは、定款に別段の定めがある場合を除き、社員の過半数の一
致）によって、業務執行の意思決定がなされます。

イ　決定書の作成

　業務執行権を有する社員の決定書（業務執行権を有する社員が複数い
るときは、定款に別段の定めがある場合を除き、その社員の過半数の一
致を証する書面。以下、「決定書」といいます。）についての作成義務は
ありません。ただし、商業登記申請の際に、添付書類として決定書が必
要になることがあります（商業登記法46条1項）。

　決定書の内容は、実務上、①当該決定のなされた日付、②決定した事
項の内容、③業務執行権を有する社員の過半数が賛成した旨が記載され、
④賛成した業務執行権を有する社員の署名又は記名押印がなされていれ
ば要件を満たすと考えられているようです。

【業務執行権を有する社員の決定書例】

決　定　書

　令和○年○月○日、当会社の業務執行社員は全員一致により下記の事項
を決定した。

1．吸収合併契約の締結の件

　別紙契約書のとおり、当会社と株式会社△△（本店所在地　○○県○○市…）間において吸収合併契約を締結すること。

　上記の決定事項を明確にするため本決定書を作成し、業務執行社員全員が次に記名押印する。

　令和○年○月○日

　　　　　　　　　　　　　　　合同会社○○
　　　　　　　　　　　　　　　業務執行社員　○○○○　㊞
　　　　　　　　　　　　　　　業務執行社員　○○○○　㊞

4　事前開示

(1)　意　義

　株式会社である存続会社及び消滅会社は、①各々の株主に対し、株主総会で吸収合併契約を承認するか、株式買取請求権を行使するか、合併無効の訴えを提起するか等を判断する資料を、②各々の債権者に対し、吸収合併について異議を申し出るか、合併無効の訴えを提起するか等を判断する資料を一定の期間備え置き、それらの者に対して開示しなければなりません。

　なお、持分会社である存続会社及び消滅会社においては、会社法上、この事前開示の手続は定められていないため、行う必要がありません。

(2)　備置開始日

ア　消滅会社

　消滅会社における吸収合併契約等備置開始日とは、次の日のいずれか早い日をいいます。

　①　吸収合併契約について株主総会（種類株主総会を含む。）の決議によってその承認を受けなければならないときは、当該株主総会の日の

　　２週間前の日（株主総会の決議の省略の場合（会社法319条１項）に
　　あっては、株主総会の目的である事項についての提案があった日）
　　（会社法782条２項１号）

②　株式買取請求の前提としての通知（会社法785条３項）を受けるべ
　　き株主があるときは、その通知の日又はそれに代わる公告の日のいず
　　れか早い日（会社法782条２項２号）

③　新株予約権買取請求の前提としての通知（会社法787条３項）を受
　　けるべき新株予約権者があるときは、その通知の日又はそれに代わる
　　公告の日のいずれか早い日（会社法782条２項３号）

④　債権者保護手続（会社法789条）をしなければならないときは、そ
　　の公告の日又は知れている債権者に対する個別催告の日のいずれか早
　　い日（会社法782条２項４号）

イ　存続会社

　　存続会社における吸収合併契約等備置開始日とは、次の日のいずれか
　早い日をいいます。

①　吸収合併契約について株主総会（種類株主総会を含む。）の決議に
　　よってその承認を受けなければならないときは、当該株主総会の日の
　　２週間前の日（株主総会の決議の省略の場合（会社法319条１項）に
　　あっては、株主総会の目的である事項についての提案があった日）
　　（会社法794条２項１号）

②　株式買取請求の前提としての通知（会社法797条３項）の日又はそ
　　の公告の日のいずれか早い日（会社法794条２項２号）

③　債権者保護手続（会社法799条）をしなければならないときは、そ
　　の公告の日又は知れている債権者に対する個別催告の日のいずれか早
　　い日（会社法794条２項３号）

(3)　**事前開示事項と備置期間**

ア　消滅会社

　　消滅会社は、吸収合併契約等備置開始日から吸収合併の効力発生日ま

での間、吸収合併契約の内容その他会社法施行規則182条で定める次の事項を記載し、又は記録した書面又は電磁的記録をその本店に備え置かなければなりません（会社法782条1項1号）。

① 合併対価の相当性に関する事項（会社法施行規則182条1項1号）

　「合併対価の相当性に関する事項」とは、次の事項その他の会社法749条1項2号及び3号に掲げる事項又は会社法751条1項2号から4号までに掲げる事項についての定め（当該定めがない場合にあっては、当該定めがないこと）の相当性に関する事項とされています。

　(i) 合併対価の総数又は総額の相当性に関する事項（会社法施行規則182条3項1号）

　(ii) 合併対価として当該種類の財産を選択した理由（会社法施行規則182条3項2号）

　(iii) 存続会社と消滅会社とが共通支配下関係にあるときは、当該消滅会社の株主（当該消滅会社と共通支配下関係にある株主を除く。）の利益を害さないように留意した事項（当該事項がない場合にあっては、その旨）（会社法施行規則182条3項3号）

② 合併対価について参考となるべき事項（会社法施行規則182条1項2号）

　「合併対価について参考となるべき事項」とは、次の場合の区分に応じ、各々に定める事項その他これに準ずる事項（事前開示事項についての書面又は電磁的記録にこれらの事項の全部又は一部の記載又は記録をしないことにつき消滅会社の総株主の同意がある場合にあっては、当該同意があったものを除く。）とされています。

　(i) 合併対価の全部又は一部が存続会社の株式又は持分である場合は、次の事項

　　(a) 当該存続会社の定款の定め（会社法施行規則182条4項1号イ）

　　(b) 次の事項その他の合併対価の換価の方法に関する事項

　　　・合併対価を取引する市場（会社法施行規則182条4項1号ロ(1)）

　　　　・合併対価の取引の媒介、取次ぎ又は代理を行う者（会社法施行
　　　　　規則182条 4 項 1 号ロ(2)）
　　　　・合併対価の譲渡その他の処分に制限があるときは、その内容
　　　　　（会社法施行規則182条 4 項 1 号ロ(3)）
　(c)　合併対価に市場価格があるときは、その価格に関する事項（会
　　　社法施行規則182条 4 項 1 号ハ）
　(d)　存続会社の過去 5 年間にその末日が到来した各事業年度（次に
　　　掲げる事業年度を除く。）に係る貸借対照表の内容
　　　　・最終事業年度（会社法施行規則182条 4 項 1 号ニ(1)）
　　　　・ある事業年度に係る貸借対照表の内容につき、法令の規定に
　　　　　基づく公告(会社法440条 3 項の措置に相当するものを含む。)
　　　　　をしている場合における当該事業年度（会社法施行規則182
　　　　　条 4 項 1 号ニ(2)）
　　　　・ある事業年度に係る貸借対照表の内容につき、金融商品取引
　　　　　法24条 1 項の規定により有価証券報告書を内閣総理大臣に提
　　　　　出している場合における当該事業年度（会社法施行規則182
　　　　　条 4 項 1 号ニ(3)）
(ii)　合併対価の全部又は一部が法人等の株式、持分その他これらに準
　　ずるもの（存続会社の株式又は持分を除く。）である場合は、次の
　　事項（当該事項が日本語以外の言語で表示されている場合にあって
　　は、当該事項（氏名又は名称を除く。）を日本語で表示した事項）
　(a)　当該法人等の定款その他これに相当するものの定め（会社法施
　　　行規則182条 4 項 2 号イ）
　(b)　当該法人等が会社でないときは、次に掲げる権利に相当する権
　　　利その他の合併対価に係る権利（重要でないものを除く。）の内
　　　容
　　　　・剰余金の配当を受ける権利（会社法施行規則182条 4 項 2 号ロ
　　　　　(1)）

- 残余財産の分配を受ける権利（会社法施行規則182条4項2号
  ロ(2)）
- 株主総会における議決権（会社法施行規則182条4項2号ロ(3)）
- 合併その他の行為がされる場合において、自己の有する株式を
  公正な価格で買い取ることを請求する権利（会社法施行規則
  182条4項2号ロ(4)）
- 定款その他の資料（当該資料が電磁的記録をもって作成されて
  いる場合にあっては、当該電磁的記録に記録された事項を表示
  したもの）の閲覧又は謄写を請求する権利（会社法施行規則
  182条4項2号ロ(5)）

(c) 当該法人等がその株主等に対し、日本語以外の言語を使用して
情報の提供をすることとされているときは、当該言語（会社法施
行規則182条4項2号ハ）

(d) 吸収合併が効力を生ずる日に当該法人等の株主総会その他これ
に相当するものの開催があるものとした場合における当該法人等
の株主等が有すると見込まれる議決権その他これに相当する権利
の総数（会社法施行規則182条4項2号ニ）

(e) 当該法人等について登記（当該法人等が外国の法令に準拠して
設立されたものである場合にあっては、会社法933条1項の外国
会社の登記又は外国法人の登記及び夫婦財産契約の登記に関する
法律2条の外国法人の登記に限る。）がされていないときは、次
の事項
- 当該法人等を代表する者の氏名又は名称及び住所（会社法施行
  規則182条4項2号ホ(1)）
- 当該法人等の役員（当該法人等を代表する者を除く。）の氏名
  又は名称（会社法施行規則182条4項2号ホ(2)）

(f) 当該法人等の最終事業年度（当該法人等が会社以外のものであ
る場合にあっては、最終事業年度に相当するもの。）に係る計算

書類（最終事業年度がない場合にあっては、当該法人等の成立の日における貸借対照表）その他これに相当するものの内容（当該計算書類その他これに相当するものについて監査役、監査等委員会、監査委員会、会計監査人その他これらに相当するものの監査を受けている場合にあっては、監査報告その他これに相当するものの内容の概要を含む。）（会社法施行規則182条4項2号へ）

⒢　次の場合の区分に応じ、各々に定める事項

・当該法人等が株式会社である場合は、当該法人等の最終事業年度に係る事業報告の内容（当該事業報告について監査役、監査等委員会又は監査委員会の監査を受けている場合にあっては、監査報告の内容を含む。）（会社法施行規則182条4項2号ト⑴）

・当該法人等が株式会社以外のものである場合は、当該法人等の最終事業年度に係る会社会計規則118条各号及び119条各号に掲げる事項に相当する事項の内容の概要（当該事項について監査役、監査等委員会、監査委員会その他これらに相当するものの監査を受けている場合にあっては、監査報告その他これに相当するものの内容の概要を含む。）（会社法施行規則182条4項2号ト⑵）

⒣　当該法人等の過去5年間にその末日が到来した各事業年度（次に掲げる事業年度を除く。）に係る貸借対照表その他これに相当するものの内容

・最終事業年度（会社法施行規則182条4項2号チ⑴）

・ある事業年度に係る貸借対照表その他これに相当するものの内容につき、法令の規定に基づく公告（会社法440条3項の措置に相当するものを含む。）をしている場合における当該事業年度（会社法施行規則182条4項2号チ⑵）

・ある事業年度に係る貸借対照表その他これに相当するものの内容につき、金融商品取引法24条1項の規定により有価証券報告

　　　　　書を内閣総理大臣に提出している場合における当該事業年度
　　　　　（会社法施行規則182条4項2号チ(3)）

　　　(i)　(b)及び(c)に掲げる事項（会社法施行規則182条4項2号リ）

　　　(j)　合併対価が自己株式の取得、持分の払戻しその他これらに相当
　　　　　する方法により払戻しを受けることができるものであるときは、
　　　　　その手続に関する事項（会社法施行規則182条4項2号ヌ）

　(iii)　合併対価の全部又は一部が存続会社の社債、新株予約権又は新株
　　　　予約権付社債である場合は、(i)(a)から(d)までの事項（会社法施行規
　　　　則182条4項3号）

　(iv)　合併対価の全部又は一部が法人等の社債、新株予約権、新株予約
　　　　権付社債その他これらに準ずるもの（存続会社の社債、新株予約権
　　　　又は新株予約権付社債を除く。）である場合は、次の事項（当該事
　　　　項が日本語以外の言語で表示されている場合にあっては、当該事項
　　　　（氏名又は名称を除く。）を日本語で表示した事項）

　　　(a)　(i)(b)及び(c)の事項（会社法施行規則182条4項4号イ）

　　　(b)　(ii)(a)及び(e)から(h)までの事項（会社法施行規則182条4項4号
　　　　　ロ）

　(v)　合併対価の全部又は一部が存続会社その他の法人等の株式、持分、
　　　　社債、新株予約権、新株予約権付社債その他これらに準ずるもの及
　　　　び金銭以外の財産である場合は、(i)(b)及び(c)の事項（会社法施行規
　　　　則182条4項5号）

③　吸収合併に係る新株予約権の定めの相当性に関する事項（会社法施
　　行規則182条1項3号）

　　　「吸収合併に係る新株予約権の定めの相当性に関する事項」とは、
　　次の場合の区分に応じ、各々に定める定めの相当性に関する事項とさ
　　れています（会社法施行規則182条5項）。

　(i)　吸収合併存続会社が株式会社である場合は、会社法749条1項4
　　　　号及び5号に掲げる事項についての定め（会社法施行規則182条5

項1号）

(ⅱ)　吸収合併存続会社が持分会社である場合は、会社法第751条1項
5号及び6号に掲げる事項についての定め（会社法施行規則182条
5項2号）

④　計算書類等に関する事項（会社法施行規則182条1項4号）

「計算書類等に関する事項」とは、次に掲げる事項とされています。

(ⅰ)　存続会社についての次の事項

(a)　最終事業年度に係る計算書類等（最終事業年度がない場合にあ
っては、存続会社の成立の日における貸借対照表）の内容（会社
法施行規則182条6項1号イ）

(b)　最終事業年度の末日（最終事業年度がない場合にあっては、存
続会社の成立の日。(c)において同じ。）後の日を臨時決算日（2
以上の臨時決算日がある場合にあっては、最も遅いもの）とする
臨時計算書類等があるときは、当該臨時計算書類等の内容（会社
法施行規則182条6項1号ロ）

(c)　最終事業年度の末日後に重要な財産の処分、重大な債務の負担
その他の会社財産の状況に重要な影響を与える事象が生じたとき
は、その内容（吸収合併契約等備置開始日後吸収合併の効力が生
ずる日までの間に新たな最終事業年度が存することとなる場合に
あっては、当該新たな最終事業年度の末日後に生じた事象の内容
に限る。）（会社法施行規則182条6項1号ハ）

(ⅱ)　消滅会社（清算株式会社を除く。）についての次に掲げる事項

(a)　消滅会社において最終事業年度の末日（最終事業年度がない場
合にあっては、消滅会社の成立の日）後に重要な財産の処分、重
大な債務の負担その他の会社財産の状況に重要な影響を与える事
象が生じたときは、その内容（吸収合併契約等備置開始日後吸収
合併の効力が生ずる日までの間に新たな最終事業年度が存するこ
ととなる場合にあっては、当該新たな最終事業年度の末日後に生

じた事象の内容に限る。）（会社法施行規則182条6項2号イ）

　(b)　消滅会社において最終事業年度がないときは、消滅会社の成立の日における貸借対照表（会社法施行規則182条6項2号ロ）

⑤　吸収合併が効力を生ずる日以後における存続会社の債務（債権者保護手続（会社法789条1項）により吸収合併について異議を述べることができる債権者に対して負担する債務に限る。）の履行の見込みに関する事項（会社法施行規則182条1項5号）

⑥　吸収合併契約等備置開始日（会社法782条2項）後、上記①から⑤の事項に変更が生じたときは、変更後の当該事項（会社法施行規則182条1項6号）

イ　存続会社

　存続会社は、吸収合併契約等備置開始日から効力発生日後6か月を経過する日までの間、吸収合併契約の内容その他会社法施行規則191条で定める次の事項を記載し、又は記録した書面又は電磁的記録をその本店に備え置かなければなりません（会社法794条1項）。

①　会社法749条1項2号及び3号に掲げる事項についての定め（当該定めがない場合にあっては、当該定めがないこと）の相当性に関する事項（会社法施行規則191条1号）

②　会社法749条1項4号及び5号に掲げる事項を定めたときは、当該事項についての定め（全部の新株予約権の新株予約権者に対して交付する存続会社の新株予約権の数及び金銭の額を零とする旨の定めを除く。）の相当性に関する事項（会社法施行規則191条2号）

③　消滅会社（清算株式会社及び清算持分会社を除く。）についての次に掲げる事項

　(i)　最終事業年度に係る計算書類等（最終事業年度がない場合にあっては、消滅会社の成立の日における貸借対照表）の内容（会社法施行規則191条3号イ）

　(ii)　最終事業年度の末日（最終事業年度がない場合にあっては、消滅

会社の成立の日。(ⅲ)において同じ。)後の日を臨時決算日(2以上の臨時決算日がある場合にあっては、最も遅いもの)とする臨時計算書類等があるときは、当該臨時計算書類等の内容(会社法施行規則191条3号ハ)

(ⅲ)　最終事業年度の末日後に重要な財産の処分、重大な債務の負担その他の会社財産の状況に重要な影響を与える事象が生じたときは、その内容(吸収合併契約等備置開始日後吸収合併の効力が生ずる日までの間に新たな最終事業年度が存することとなる場合にあっては、当該新たな最終事業年度の末日後に生じた事象の内容に限る。)(会社法施行規則191条3号ロ)

④　消滅会社(清算株式会社又は清算持分会社に限る。)が会社法492条1項又は658条1項若しくは669条1項若しくは2項の規定により作成した貸借対照表(会社法施行規則191条4号)

⑤　吸収合併存続株式会社についての次に掲げる事項

(ⅰ)　存続会社において最終事業年度の末日(最終事業年度がない場合にあっては、存続会社の成立の日)後に重要な財産の処分、重大な債務の負担その他の会社財産の状況に重要な影響を与える事象が生じたときは、その内容(吸収合併契約等備置開始日後吸収合併の効力が生ずる日までの間に新たな最終事業年度が存することとなる場合にあっては、当該新たな最終事業年度の末日後に生じた事象の内容に限る。)(会社法施行規則191条5号イ)

(ⅱ)　存続会社において最終事業年度がないときは、存続会社の成立の日における貸借対照表(会社法施行規則191条5号ロ)

⑥　吸収合併が効力を生ずる日以後における存続会社の債務(会社法799条1項の規定により吸収合併について異議を述べることができる債権者に対して負担する債務に限る。)の履行の見込みに関する事項(会社法施行規則191条6号)

⑦　吸収合併契約等備置開始日後吸収合併が効力を生ずる日までの間に、

　　　①から⑥の事項に変更が生じたときは、変更後の当該事項（会社法施行規則191条7号）

(4)　閲覧等の手続

　　消滅会社及び存続会社の株主及び債権者は、自らが株式又は債権を有する当事会社に対して、その営業時間内は、いつでも、次の請求をすることができます。ただし、②又は④の請求をするには、当該消滅会社、存続会社の定めた費用を支払わなければなりません。

①　事前開示した書面の閲覧の請求（会社法782条3項1号、794条3項1号）

②　事前開示した書面の謄本又は抄本の交付の請求（会社法782条3項2号、794条3項2号）

③　事前開示した電磁的記録に記録された事項を法務省令で定める方法により表示したものの閲覧の請求（会社法782条3項3号、794条3項3号）

④　事前開示した電磁的記録に記録された事項を電磁的方法であって消滅会社・存続会社が各々の定めたものにより提供することの請求又はその事項を記載した書面の交付の請求（会社法782条3項4号、794条3項4号）

5　吸収合併契約の承認

　存続会社及び消滅会社の代表者間で締結した吸収合併契約は、各会社において、次のとおり、承認を受ける必要があります。

(1)　株式会社における合併承認

ア　消滅会社（株式会社）における承認

①　株主総会の特別決議

　　消滅会社は、効力発生日の前日までに、株主総会の特別決議によって、吸収合併契約の承認を受けなければなりません（会社法783条1項、309条2項12号）。

② 総株主又は種類株主全員の同意

　　合併対価の全部又は一部が、持分会社である存続会社の持分その他権利の移転又は行使に債務者その他第三者の承諾を要するもの（譲渡制限株式を除く。）であるときは、議決権の有無に関わらず、吸収合併契約について消滅会社の総株主（種類株式発行会社においては、その割当てを受ける種類株主全員）の同意を得なければなりません（会社法783条2項・4項、会社法施行規則185条）。

③ 株主総会の特殊決議

　　消滅会社が公開会社であり、種類株式発行会社でないときに、合併対価の全部又は一部が、譲渡制限株式その他株式会社である存続会社の取得条項付株式（当該取得条項付株式に係る会社法108条2項6号ロの他の株式の種類が存続会社の譲渡制限株式であるものに限る。）又は取得条項付新株予約権（当該取得条項付新株予約権に係る会社法236条1項7号ニの株式が存続会社の譲渡制限株式であるものに限る。）であるときは、消滅会社における株主総会の特殊決議を得なければなりません（会社法309条3項2号、会社法施行規則186条）。

④ 種類株主総会の特殊決議

　　消滅会社が種類株式発行会社である場合において、合併対価等の全部又は一部が譲渡制限株式その他株式会社である存続会社の取得条項付株式（当該取得条項付株式に係る会社法108条2項6号ロの他の株式の種類が存続会社の譲渡制限株式であるものに限る。）又は取得条項付新株予約権（当該取得条項付新株予約権に係る会社法236条1項7号ニの株式が存続会社の譲渡制限株式であるものに限る。）であるときは、当該譲渡制限株式等の割当てを受ける種類の株式（譲渡制限株式を除く。）の種類株主を構成員とする種類株主総会の特殊決議がなければ、その効力を生じません（会社法783条3項、324条3項2号、会社法施行規則186条）。

⑤ 種類株主総会の特別決議

　　　種類株式発行会社において、吸収合併によってある種類の株式の種
　　類株主に損害を及ぼすおそれがあるときは、定款に別段の定めがある
　　場合を除き、当該種類の株式の種類株主を構成員とする種類株主総会
　　の特別決議がなければ、その効力を生じません（会社法322条1項7
　　号、324条2項4号）。

⑥　株主総会の決議を要しない場合（略式合併の場合）

　　　株式会社である存続会社が、株式会社である消滅会社の特別支配会
　　社である場合には、消滅会社において株主総会の決議を要しません
　　（会社法784条1項本文）。

　　　ただし、消滅会社が公開会社であり、種類株式発行会社でない場合
　　において、合併対価の全部又は一部が譲渡制限株式その他株式会社で
　　ある存続会社の取得条項付株式（当該取得条項付株式に係る会社法
　　108条2項6号ロの他の株式の種類が存続会社の譲渡制限株式である
　　ものに限る。）又は取得条項付新株予約権（当該取得条項付新株予約
　　権に係る会社法236条1項7号ニの株式が存続会社の譲渡制限株式で
　　あるものに限る。）であるときは、株主総会の決議を省略することは
　　できません（同項但書）。

イ　存続会社（株式会社）における承認

①　株主総会の特別決議

　　　存続会社は、効力発生日の前日までに、株主総会の特別決議によっ
　　て、吸収合併契約の承認を受けなければなりません（会社法795条1
　　項、309条2項12号）。

　　　なお、(a)存続会社の承継債務額が、承継資産額を超える場合（消滅
　　会社が債務超過の状態であり、吸収合併によって合併差損が生じる場
　　合及び合併により存続会社の有する消滅会社の株式が消滅することで
　　存続会社の純資産額が減少する場合）（会社法795条2項1号）、(b)合
　　併対価（存続会社の株式等を除く。）の帳簿価額が承継資産額から承
　　継債務額を控除して得た額を超える場合（消滅会社の価値を上回る合

併対価を交付することで、合併差損が生じる場合）（会社法795条2項
2号）、(c)存続会社が吸収合併により承継する消滅会社の資産に存続
会社の株式が含まれる場合（会社法795条3項）は、取締役は、当該
株主総会において、その旨を説明する必要があります（会社法795条
2項・3項）。

② 種類株主総会の特別決議

　存続会社が種類株式発行会社である場合において、合併対価として
種類株式である譲渡制限株式（会社法199条4項の定款の定めがない
ものに限る。）を交付するときは、存続会社の当該譲渡制限株式の種
類株主総会の特別決議がなければ、その効力を生じません（会社法
795条4項、324条2項6号）。

　また、種類株式発行会社において、吸収合併によってある種類の株
式の種類株主に損害を及ぼすおそれがあるときは、定款に別段の定め
がある場合を除き、当該種類の株式の種類株主を構成員とする種類株
主総会の特別決議がなければ、その効力を生じません（会社法322条
1項7号、324条2項4号）。

③ 株主総会の決議を要しない場合

（i）略式吸収合併

　消滅会社が存続会社の特別支配会社である場合には、存続会社に
おいて、株主総会の決議を要しません（会社法796条1項本文）。

　ただし、存続会社が非公開会社であり、合併対価として存続会社
の譲渡制限株式を交付するときは、株主総会の決議を省略すること
はできません（同項但書）。

（ii）簡易吸収合併

　合併対価として交付する①存続会社の株式の数に一株当たり純資
産額を乗じて得た額、②存続会社の社債、新株予約権又は新株予約
権付社債の帳簿価額の合計額、③その他の財産の帳簿価額の合計額
の会社法施行規則196条の規定により定まる額（※1）に対する割

　合が5分の1（これを下回る割合を存続株式会社等の定款で定めた場合にあっては、その割合）を超えない場合には、存続会社における株主総会の決議を要しません（会社法796条2項本文）。

　ただし、次の場合には、存続会社における株主総会の決議を省略することはできません。

⒜　存続会社の承継債務額が、承継資産額を超える場合（消滅会社が債務超過の状態であり、吸収合併によって合併差損が生じる場合及び合併により存続会社の有する消滅会社の株式が消滅することで存続会社の純資産額が減少する場合）（会社法796条2項但書、795条2項1号）

⒝　合併対価（存続会社の株式等を除く。）の帳簿価額が承継資産額から承継債務額を控除して得た額を超える場合（消滅会社の価値を上回る合併対価を交付することで、合併差損が生じる場合）（会社法796条2項但書、795条2項2号）

⒞　株式会社である消滅会社の株主、持分会社である消滅会社の社員に対して交付する金銭等の全部又は一部が株式会社である存続会社の譲渡制限株式である場合であって、存続会社が非公開会社である場合（会社法796条2項但書、同条1項但書）

⒟　会社法施行規則197条で定める数（※2）の株式（吸収合併契約の承認決議をする株主総会において議決権を行使することができるものに限る。）を有する株主が株式買取請求の前提となる通知（会社法797条3項）又はそれに代わる公告（同条4項）の日から2週間以内に吸収合併に反対する旨を存続会社に対し通知した場合（会社法796条3項）

（※1）会社法施行規則196条の規定により定まる額の算定方法

　会社法796条2項2号に規定する会社法施行規則196条の規定により定まる額の算定方法は、算定基準日（吸収合併契約を締結した日（当該契約により当該契約を締結した日と異なる時（当該契約を締結した日後から当該吸収合併の効力が生ずる時の直前までの間の時

に限る。）を定めた場合にあっては、当該時）をいいます。）における次の1から7までの額の合計額から8の額を減じて得た額（当該額が500万円を下回る場合にあっては、500万円）をもって株式会社である存続会社の純資産額とする方法とされています。

1　資本金の額

2　資本準備金の額

3　利益準備金の額

4　会社法446条に規定する剰余金の額

5　最終事業年度（会社法461条2項2号に規定する場合にあっては、会社法441条1項2号の期間（当該期間が2以上ある場合にあっては、その末日が最も遅いもの））の末日（最終事業年度がない場合にあっては、存続株式会社等の成立の日）における評価・換算差額等に係る額

6　株式引受権の帳簿価額

7　新株予約権の帳簿価額

8　自己株式及び自己新株予約権の帳簿価額の合計額

（※2）　会社法施行規則197条で定める数

　会社法施行規則197条で定める数は、次の数のうちいずれか小さい数とされています。

1　特定株式（会社法796条3項に規定する行為に係る株主総会において議決権を行使することができることを内容とする株式をいいます。）の総数に2分の1（当該株主総会の決議が成立するための要件として当該特定株式の議決権の総数の一定の割合以上の議決権を有する株主が出席しなければならない旨の定款の定めがある場合にあっては、当該一定の割合）を乗じて得た数に3分の1（当該株主総会の決議が成立するための要件として当該株主総会に出席した当該特定株主（特定株式の株主をいいます。）の有する議決権の総数の一定の割合以上の多数が賛成しなければならない旨の定款の定めがある場合にあっては、1から当該一定の割合を減じて得た割合）を乗じて得た数に1を加えた数

2　会社法796条3項に規定する行為に係る決議が成立するための要件として一定の数以上の特定株主の賛成を要する旨の定款の定めがある場合において、特定株主の総数から株式会社に対して当該行為に反対する旨の通知をした特定株主の数を減じて得た数が当該一定の数未満となるときにおける当該行為に反対する旨の通知をした特定株主の有する特定株式の数

3　会社法796条3項に規定する行為に係る決議が成立するための要件として1及び2の定款の定め以外の定款の定めがある場合において、当該行為に反対する旨の通知をした特定株主の全部が同項に規定する株主総会において反対したとすれば当該決議が成立しないときは、当該行為に反対する旨の通知をした特定株主の有する特定株式の数

4　定款で定めた数

> **コラム**　完全親会社が完全子会社を吸収合併する場合
>
> 　完全親会社が完全子会社を吸収合併する場合、完全親会社には合併対価は交付しないため簡易合併の要件を満たします。また、完全親会社は、完全子会社の特別支配会社となり、略式合併の要件も満たします。
>
> 　このような場合、存続会社と消滅会社のどちらにおいても吸収合併契約の承認について株主総会の決議を要しないため、取締役会設置会社においては取締役会、取締役会非設置会社においては取締役の決定（取締役が複数いるときは、取締役の過半数の一致）により、吸収合併契約を承認することができます。しかし、この場合でも、登記実務上は、株主総会の決議で吸収合併契約を承認し、その議事録を添付することが認められています。

(2)　持分会社における合併承認

ア　消滅会社（持分会社）における承認

　消滅会社が持分会社の場合、吸収合併契約の承認には、総社員の同意（定款に別段の定めがある場合にあっては、その定めによる手続）が必要となります。

イ　存続会社（持分会社）における承認

　存続会社が持分会社の場合、吸収合併契約の承認には、合併対価が存続会社の持分であるときは、消滅会社の株主又は社員が新たに存続会社の社員として加わることになるため、定款に別段の定めがある場合を除き、総社員の同意が必要となります。それ以外の場合は、定款に別段の定めがある場合を除き、業務執行権を有する社員の決定（業務執行権を有する社員が複数いるときは、その者の過半数の一致）が必要となります。

6　株主総会議事録・総社員の同意書等の記載内容

(1)　株主総会議事録の記載内容

　株主総会議事録には、会社法施行規則72条3項・4項が定める次の事項

を記載する必要があり、開催された株主総会について該当する事項を議事録に記載することになります（存続会社における吸収合併契約の承認決議の議事録例は後記資料1、消滅会社における吸収合併契約の承認決議の議事録例は後記資料2のとおりです。）。

　また、株主総会議事録には、取締役会議事録のような会社法上の署名義務は課されていません（定款に署名又は記名押印に関する定めがある場合はそれに従うことになります。）。そのため、定款その他の内規によって、出席取締役の全員に株主総会議事録への署名又は記名押印を義務付けた場合に、取締役の一部が議事録への署名又は記名押印を拒否したとしても、当該株主総会議事録は有効なものと扱われます。

　しかし、実務上、代表取締役又は議事録を作成した取締役が記名押印することが多く、登記実務上もそのような扱いが望ましいとされているようです（商業登記規則61条6項や不動産登記令19条2項により、所定の印鑑による押印が必要となることもあります。）。

〈株主総会議事録の記載事項〉

1　株主総会が開催された日時及び場所（当該場所に存しない取締役（監査等委員会設置会社にあっては、監査等委員である取締役又はそれ以外の取締役。4において同じ。）、執行役、会計参与、監査役、会計監査人又は株主が株主総会に出席をした場合における当該出席の方法を含む。）（会社法施行規則72条3項1号）

　＊　テレビ会議システム等を利用して複数の場所で株主総会を開催することもできますが、単に株主総会の様子を映像で確認するだけでは足りず、出席者の音声が即時に他の出席者に伝わり、出席者が一堂に会するのと同時に適時的確な意見表明が相互に可能な状態となっている必要があるとされています。

2　株主総会の議事の経過の要領及びその結果（会社法施行規則72条3項2号）

　＊　取締役会非設置会社では、株主総会で会社法に規定する事項及び株

式会社の組織、運営、管理その他株式会社に関する一切の事項につい
て決議をすることができますが（会社法295条1項）、取締役会設置会
社では、株主総会は、会社法に規定する事項及び定款で定めた事項に
限り、決議をすることができます（同条2項）。

3　次の規定により株主総会において述べられた意見又は発言があるとき
は、その意見又は発言の内容の概要
　⑴　会社法342条の2第1項（会社法施行規則72条3項3号イ）
　⑵　会社法342条の2第2項（同規則72条3項3号ロ）
　⑶　会社法342条の2第4項（同規則72条3項3号ハ）
　⑷　会社法345条1項(同条4項及び5項において準用する場合を含む。)
　　（同規則72条3項3号ニ）
　⑸　会社法345条2項(同条4項及び5項において準用する場合を含む。)
　　（同規則72条3項3号ホ）
　⑹　会社法361条5項（同規則72条3項3号ヘ）
　⑺　会社法361条6項（同規則72条3項3号ト）
　⑻　会社法377条1項（同規則72条3項3号チ）
　⑼　会社法379条3項（同規則72条3項3号リ）
　⑽　会社法384条（同規則72条3項3号ヌ）
　⑾　会社法387条3項（同規則72条3項3号ル）
　⑿　会社法389条3項（同規則72条3項3号ヲ）
　⒀　会社法398条1項（同規則72条3項3号ワ）
　⒁　会社法398条2項（同規則72条3項3号カ）
　⒂　会社法399条の5（同規則72条3項3号ヨ）

4　株主総会に出席した取締役、執行役、会計参与、監査役又は会計監査
人の氏名又は名称（会社法施行規則72条3項4号）
　　＊　株主総会の開会から閉会まで出席した者に限らず、開催中に一時
　　的であっても出席した者も含みます。

5　株主総会の議長が存するときは、議長の氏名（会社法施行規則72条3

項 5 号）

　　＊　実務上、定款に議長の定めやその選任方法の規定を設けることが
　　　多く、それにより定められた者が議長となります。また、そのよう
　　　な定款規定がないときは、株主総会で選任することが一般的です。

6　議事録の作成に係る職務を行った取締役の氏名（会社法施行規則72条
　3 項 6 号）

7　次の場合には、株主総会の議事録は、各々に定める事項を内容とする
　ものとします。

⑴　会社法319条 1 項の規定により株主総会の決議があったものとみな
　された場合は、次の事項

　ア　株主総会の決議があったものとみなされた事項の内容（会社法施
　　行規則72条 4 項 1 号イ）

　イ　アの事項の提案をした者の氏名又は名称（同規則72条 4 項 1 号
　　ロ）

　ウ　株主総会の決議があったものとみなされた日（同規則72条 4 項 1
　　号ハ）

　エ　議事録の作成に係る職務を行った取締役の氏名（同規則72条 4 項
　　1 号ニ）

⑵　会社法320条の規定により株主総会への報告があったものとみな
　された場合は、次の事項

　ア　株主総会への報告があったものとみなされた事項の内容（会社法
　　施行規則72条 4 項 2 号イ）

　イ　株主総会への報告があったものとみなされた日（同規則72条 4 項
　　2 号ロ）

　ウ　議事録の作成に係る職務を行った取締役の氏名（同規則72条 4 項
　　2 号ハ）

【資料1　存続会社の株主総会議事録例】

臨時株主総会議事録

　令和○年○月○日午前○○時○○分より本店において、臨時株主総会を開催した。

株主の総数	3名
発行済株式の総数	200株
議決権を行使することができる株主の数	3名
議決権を行使することができる株主の議決権の数	200個
出席した株主の数（委任状による者を含む）	3名
出席した株主の議決権の数	200個

出席役員等
　　代表取締役　　○○○○（議長兼議事録作成者）
　　取　締　役　　○○○○
　　取　締　役　　○○○○

　上記のとおり出席があったので、本株主総会は適法に成立した。
　定刻代表取締役○○○○は選ばれて議長となり、開会を宣し直ちに議事に入った。

　　第1号議案　　　　有限会社○○○○との吸収合併契約承認の件
　議長は、本議案を上程し、当会社と有限会社○○○○との間で令和○年○月○日に締結した吸収合併契約の承認を得たい旨説明し、審議を求めた。慎重審議の結果、議長は、本議案の賛否を議場に諮ったところ、出席株主全員の賛成があり、これを承認可決した。

　　　第2号議案　　　合併に伴う新株発行の件

　議長は、有限会社○○○○との吸収合併に際し、普通株式30株を発行し、効力発生直前時の有限会社○○○○の株主名簿に記載された株主（株式会社△△△△の有する50株を除く）に対して、有限会社○○○○の株式1株に対して株式会社△△△△の株式0.6株の割合で割当交付することにつき異議が無いかを諮ったところ、出席株主全員の賛成があり、これを承認可決した。

　以上をもって本総会の議案全部を終了したので、議長は閉会の挨拶を述べ、午前○○時○○分散会した。

　上記の決議を明確にするため、この議事録を作成し、議長並びに出席代表取締役及び取締役が次に記名押印する。

　　　令和○年○月○日

　　　　　　　　　　　　　　　　株式会社△△△△　臨時株主総会
　　　　　　　　　　　　　　　　　議　　　長
　　　　　　　　　　　　　　　　　代表取締役　○○○○　㊞
　　　　　　　　　　　　　　　　　取　締　役　○○○○　㊞
　　　　　　　　　　　　　　　　　取　締　役　○○○○　㊞

【資料2　消滅会社の株主総会議事録例】

　　　　　　　　　　　　臨時株主総会議事録

　令和○年○月○日午後○時○○分より本店において、臨時株主総会を開催した。

株主の総数	4名
発行済株式の総数	100株
議決権を行使することができる株主の数	4名
議決権を行使することができる株主の議決権の数	100個
出席した株主の数（委任状による者を含む）	4名
出席した株主の議決権の数	100個

出席役員等

代表取締役　　○○○○（議長兼議事録作成者）

取　締　役　　○○○○

　上記のとおり出席があったので、本株主総会は適法に成立した。

　定刻代表取締役○○○○は定款の規定により議長となり、開会を宣し直ちに議事に入った。

　　第1号議案　　　株式会社△△△△との吸収合併契約承認の件

　議長は、本議案を上程し、当会社と株式会社△△△△との間で締結した吸収合併契約の承認を得たい旨説明し、審議を求めた。慎重審議の結果、議長は、本議案の賛否を議場に諮ったところ、出席株主全員の賛成があり、これを承認可決した。

　以上をもって本総会の議案全部を終了したので、議長は閉会の挨拶を述べ、午後○時○○分散会した。

　上記の決議を明確にするため、この議事録を作成し、議長並びに出席代表取締役及び取締役が次に記名押印する。

　令和○年○月○日

　　　　　　　　　　　　　　　有限会社○○○○　臨時株主総会

　　　　　　　　　　　　　　　　　議　　　　長

```
代表取締役　○○○○　㊞
取　締　役　○○○○　㊞
```

(2)　みなし総会議事録の記載内容

　会社法319条1項は、「取締役又は株主が株主総会の目的である事項について提案をした場合において、当該提案につき株主（当該事項について議決権を行使することができるものに限る。）の全員が書面又は電磁的記録により同意の意思表示をしたときは、当該提案を可決する旨の株主総会の決議があったものとみなす。」として、みなし総会の制度を規定しています。株主が少ない会社の場合は、実務上、このみなし総会により、株主総会の開催があったものとみなすことが多いようです。

　この株主総会の決議があったものとみなされる場合（会社法319条1項、325条）についても、①株主総会の決議があったものとみなされた事項の内容（会社法施行規則72条4項1号イ）、②①の事項の提案をした者の氏名又は名称（同号ロ）、③株主総会の決議があったものとみなされた日（同号ハ）、④議事録の作成に係る職務を行った取締役の氏名（同号ニ）を内容とする議事録を作成する必要があります。

【議事録例】

臨時株主総会議事録（書面決議）

　令和○年○月○日、代表取締役○○○○が当会社の株主全員に対して提案書を発し、当該提案につき株主全員から書面により同意の意思表示を得たので、会社法第319条第1項に基づき、当該提案を可決する旨の株主総会の決議があったものとみなされた。

1．株主総会の報告及び決議があったとみなされた日　令和○年○月○日

2．株主総会の決議があったものとみなされた事項の提案者　代表取締役
　〇〇〇〇
3．株主総会の決議があったものとみなされた事項の内容

　　議案　吸収合併の承認の件
　　　当会社と株式会社△△との間で令和〇年〇月〇日に締結した吸収合併契約を承認すること。

　　上記のとおり、株主総会の決議の省略を行ったので、株主総会の決議があったものとみなされた事項を明確にするため、本議事録を作成し、議事録作成者がこれに記名押印する。

　　令和〇年〇月〇日

　　　　　　　　　　　　　　　　株式会社〇〇　臨時株主総会
　　　　　　　　　　　　　　　　議　　　長
　　　　　　　　　　　　　　　　代表取締役　　〇〇〇〇　㊞
　　　　　　　　　　　　　　　　議事録作成者

【提案書】

　　　　　　　　　　　　　　提　案　書

　　　　　　　　　　　　　　　　　　　令和〇年〇月〇日
　株主　各位

　　　　　　　　　　　　　　　　〇〇県〇〇市…
　　　　　　　　　　　　　　　　株式会社〇〇
　　　　　　　　　　　　　　　　代表取締役　　〇〇〇〇

　会社法第319条第1項の規定に基づき、臨時株主総会の決議事項に関して下記のとおりご提案申し上げます。

　本提案事項を御検討の結果、提案内容につき同意いただける場合には、添付の同意書に御署名・御捺印の上、令和○年○月○日までにご返送ください。

　本提案内容に関して同日までに株主全員から同意いただいた場合には、令和○年○月○日に本提案を可決する旨の株主総会決議があったものとみなすことといたします。

記

提案事項

　議　案　吸収合併契約の締結の件

　　　　　　別紙契約書のとおり、当会社と株式会社△△との間で令和○
　　　　　年○月○日に締結した吸収合併契約を承認すること。

以　　上

【同意書】

同　意　書

令和○年○月○日

株式会社○○

　代表取締役○○○○　殿

○○県○○市…
株主　○○○○　㊞

　私は、会社法第319条第1項の規定に基づき、令和○年○月○日付提案書による貴社提案事項について、異議なく同意します。

(3)　総社員の同意書の記載内容

　　商業登記申請書の添付書類としての持分会社の総社員の同意書の記載内容としては、①当該同意のなされた日付、②同意した事項の内容、③総社員が同意した旨が記載され、④その総社員の署名又は記名押印がなされていることが必要とされています。吸収合併契約の承認についての総社員の同意書例は、後記資料のとおりです。

【資料　持分会社である総社員の同意書例】

同　意　書

１．当会社と○○合資会社との間で令和○年○月○日に締結した吸収合併契約を承認すること。

　　上記に同意する。

　　令和○年○月○日

□□合資会社

無限責任社員　○○○○　㊞

有限責任社員　○○○○　㊞

有限責任社員　○○○○　㊞

7　登録株式質権者・登録新株予約権質権者に対する通知又は公告

　　吸収合併によって、株式会社である消滅会社の登録株式質権者・登録新株予約権質権者が質権を設定した対象物が変更されるため、消滅会社においては、吸収合併の効力発生日の20日前までに登録株式質権者・登録新株予約権質権者に対して、吸収合併する旨を通知又は公告することが必要となります（会社法

783条5項・6項)。

8　株式買取手続

　消滅会社(合併契約の承認に総株主の同意を要する場合を除く。)及び存続会社(簡易吸収合併の場合を除く。)は、吸収合併の効力発生日の20日前までに、その株主(特別支配会社と(消滅会社においては)存続会社から持分等の割当てを受ける種類株主を除く。)に対し、吸収合併をする旨並びに相手方当事会社の商号及び住所を通知しなければなりません(存続会社が承継する消滅会社の資産に消滅会社が有する存続会社の株式が含まれる場合は、その株式の内容も通知しなければなりません。)(会社法785条3項、797条3項)。なお、この通知は、通知をする会社が公開会社の場合及び非公開会社であっても株主総会の決議によって吸収合併契約を承認する場合は、公告をもって代えることができます(会社法785条4項、797条4項)。

　存続会社及び消滅会社の反対株主(※)は、吸収合併の効力発生日の20日前の日からその前日までの間に、買取請求に係る自己の有する株式の数(種類株式発行会社においては、株式の種類及び種類ごとの数)を明らかにして、それを公正な価格で買い取ることを請求することができます(会社法785条1項・5項、797条1項・5項)。株式買取請求権に係る株式の買取りは、吸収合併の効力発生日にその効力を生じます(会社法786条6項、798条6項)。なお、消滅会社が買い取った自己株式は、吸収合併の効力発生時に消滅しますが、存続会社は、消滅会社の権利義務を承継するので、買取り価格の決定やその価格の支払いは、吸収合併契約の効力発生日後に消滅会社の義務を承継した存続会社が行うことになります。

(※)「反対株主」とは、次のような場合のことをいいます。
(1)　吸収合併をするために株主総会(種類株主総会を含む。)の決議を要する場合
　　①　当該株主総会に先立って当該吸収合併に反対する旨を当該存続会社・消滅会社に対し通知し、かつ、当該株主総会において当該吸収合併に反対した株主(当該株主総会において議決権を行使することができるものに限る。)(会社法785条2項1号イ、797条2項

　1号イ）
　②　当該株主総会において議決権を行使することができない株主（会社法785条2項1号ロ、
　　797条2項1号ロ）
(2)　吸収合併をするために株主総会（種類株主総会を含む。）の決議を要しない場合
　全ての株主（当該特別支配会社を除く。）（会社法785条2項2号、797条2項2号）

9　新株予約権買取手続

　消滅会社（会社法上、存続会社の新株予約権者には、買取請求は認められて
いません。）は、吸収合併の効力発生日の20日前までに、全ての新株予約権者
に対し、吸収合併をする旨並びに存続会社の商号及び住所を通知又は公告しな
ければなりません（会社法787条3項・4項）。

　消滅会社の新株予約権者（会社法749条1項4号又は5号に掲げる事項につ
いての定めが、同法236条1項8号イの条件に合致する新株予約権以外の新株
予約権の新株予約権者）は、吸収合併の効力発生日の20日前の日から効力発生
日の前日までの間に、消滅会社に対し、買取請求に係る新株予約権の数を明ら
かにして、それを公正な価格で買い取ることを請求することができます（会社
法787条1項1号、5項）。なお、新株予約権付社債に付された新株予約権の新
株予約権者は、新株予約権に別段の定めがない限り、新株予約権付社債につい
ての社債を買い取ることも請求しなければなりません（会社法787条2項）。新
株予約権買取請求に係る新株予約権の買取りは、吸収合併の効力発生日に、そ
の効力を生じます（会社法788条6項）。なお、消滅会社が買い取った新株予約
権は、吸収合併の効力発生時に消滅しますが、存続会社は、消滅会社の権利義
務を承継するので、買取り価格の決定やその価格の支払いは、吸収合併契約の
効力発生日後に消滅会社の義務を承継した存続会社が行うことになります。

10　債権者保護手続

(1)　意　義

　　吸収合併によって存続会社は、消滅会社の債務等を含む権利義務を包括
　承継することから、存続会社の既存の債権者を保護する必要があります。

　また、消滅会社は、吸収合併の効力発生日に清算の手続を経ずに解散して消滅します。消滅会社の既存の債権者は、効力発生日後は、存続会社に対して弁済を請求することになるため、保護される必要があります。

　そのため、吸収合併の存続会社及び消滅会社においては、常に債権者保護手続が必要となります。

(2)　集団的処理

　吸収合併における消滅会社から存続会社への債務等を含む権利義務の承継は、民法上の債務引受契約のように個別的に行われるわけではなく、包括的集団的に行われます。債務引受契約によって、個別的に債務を移転させる場合は、各債権者の個別の承諾を得ることを要しますが、包括承継における場合は、債務者側である吸収合併の当事会社から「本吸収合併に対して異議がある場合は申し出るように」という、官報公告と知れている債権者に対する催告をするのみでよく、債務の承継についての債権者の個別的な承諾までは要求されません（実務上は、存続会社や消滅会社から一方的に催告書を送付することで行われますが、その内容に異議がない場合の承諾を求めることまでは要求されていません。）。

　存続会社や消滅会社には多数の債権者がいることもあり、個別に承諾を得ていては吸収合併の手続が円滑に進まないため、異議申出期間内に債権者から異議が述べられないときに吸収合併を承認したものとみなす集団的処理の仕組みが採用されているのです。

(3)　官報公告及び個別催告

　①株式会社である存続会社及び消滅会社は、(i)吸収合併をする旨（会社法799条2項1号、789条2項1号）、(ii)存続会社においては消滅会社、消滅会社においては存続会社の商号及び住所（会社法799条2項2号、789条2項2号）、(iii)存続会社（株式会社に限る。）及び消滅会社（株式会社に限る。）の計算書類に関する事項として会社法施行規則199条及び188条で定めるもの（会社法799条2項3号、789条2項3号）、(iv)債権者が一定の期間（1か月を下らない期間）内に異議を述べることができる旨（会社法

799条2項4号、789条2項4号）、②持分会社である存続会社及び消滅会社は、(i)吸収合併をする旨、(ii)存続会社においては消滅会社、消滅会社においては存続会社の商号及び住所、(iii)債権者が一定の期間（1か月を下らない期間）内に異議を述べることができる旨（会社法802条2項、793条2項）を官報に公告し、かつ、知れている債権者に対して各別にこれを催告し（連名ではなく各当事会社の債権者に向けて各社ごとに催告書を発送するのが一般的です。）、吸収合併に対して異議を述べる機会を与えた上で、異議を述べた債権者に対して吸収合併の効力発生日までに弁済等の必要な手続をしなければなりません。

　また、持分会社においては、株式会社の場合のように計算書類に関する事項が公告及び催告内容となっていません。例えば、株式会社である存続会社が、単独で合併公告や個別催告を行う場合、その公告や催告書において、株式会社である消滅会社の計算書類に関する事項を掲載する必要がありますが、持分会社である存続会社が、単独で合併公告や個別催告を行う場合、その公告や催告書において、株式会社である消滅会社の計算書類に関する事項を掲載する必要はありません（その際の消滅会社（株式会社）の単独での合併公告や個別催告においては、消滅会社のみの計算書類に関する事項を掲載すれば足ります。）。また、持分会社である消滅会社が、単独で合併公告・個別催告を行う場合、その公告や催告書において、株式会社である存続会社の計算書類に関する事項を掲載する必要はありません（その際の存続会社（株式会社）の単独での合併公告や個別催告においては、存続会社のみの計算書類に関する事項を掲載すれば足ります。）。

(4) 会社法施行規則199条及び188条

　存続会社及び消滅会社が官報公告の計算書類に関する事項として法務省令により定めるものは、会社法施行規則199条及び188条によって、次のアからキの場合の区分に応じて、各々定められています。決算公告を怠っている会社が多いため、実務上は、キによることが多いように思います。

　ア　最終事業年度に係る貸借対照表又はその要旨につき公告対象会社が会

社法440条 1 項又は 2 項の規定による公告をしている場合は、次に掲げるもの

① 官報で公告をしているときは、当該官報の日付及び当該公告が掲載されている頁（会社法施行規則199条 1 号イ、188条 1 号イ）

② 時事に関する事項を掲載する日刊新聞紙で公告をしているときは、当該日刊新聞紙の名称、日付及び当該公告が掲載されている頁（会社法施行規則199条 1 号ロ、188条 1 号ロ）

③ 電子公告により公告をしているときは、会社法911条 3 項28号イに掲げる事項（会社法施行規則199条 1 号ハ、188条 1 号ハ）

イ　最終事業年度に係る貸借対照表につき公告対象会社が会社法440条 3 項に規定する措置をとっている場合は、会社法911条 3 項26号に掲げる事項（会社法施行規則199条 2 号、188条 2 号）

ウ　公告対象会社が会社法440条 4 項に規定する株式会社である場合において、当該株式会社が金融商品取引法24条 1 項の規定により最終事業年度に係る有価証券報告書を提出しているときは、その旨（会社法施行規則199条 3 号、188条 3 号）

エ　公告対象会社が整備法28条の規定により会社法440条の規定が適用されないものである場合は、その旨（会社法施行規則199条 4 号、188条 4 号）

オ　公告対象会社につき最終事業年度がない場合は、その旨（会社法施行規則199条 5 号、188条 5 号）

カ　公告対象会社が清算株式会社である場合は、その旨（会社法施行規則199条 6 号、188条 6 号）

キ　アからカの場合以外の場合は、会社計算規則第 6 編第 2 章の規定による最終事業年度に係る貸借対照表の要旨の内容（会社法施行規則199条 7 号、188条 7 号）

⑸　**官報公告の省略不可**

　　官報公告は、会社が把握していない債権者も存在しうるという趣旨で行

われるので、知れている債権者がいない場合でも、官報公告を省略することはできません（知れている債権者がいない場合、それらの者に対する個別催告は省略することができます。）。

(6)　知れている債権者の範囲

　債権者保護手続においては、知れている債権者に各別にこれを催告しなければなりません。しかし、小口の債権者を含めると相当数の債権者が存在することもあり得、そのような債権者も含めて個別催告を行わなければならないとすると事務的な負担が増え、吸収合併の手続を機動的に行うことが難しくなってしまいます。実務上、催告は、ハガキや書面に催告文等を印刷して、一斉、かつ、一方的に発送することにより行います。債権者からの「承諾する」旨の返信や返答までは求めない扱いが一般的ですが、それでも発送に係る事務的な手間と異議の申出があったときに手続内で弁済等の対応をしなければならないことを考えると、「知れている債権者」の範囲はある程度絞る必要があります。実務上は、各当事会社の基準で小口の債権者を除外する等、催告書の個別発送をする債権者の選別をすることが多いようです。

(7)　債権者の異議

　債権者が異議申出期間内に異議を述べなかったときは、当該債権者は、当該吸収合併について承認をしたものとみなされますが（会社法799条4項、789条4項）、債権者がその期間内に異議を述べたときは、原則的に、株式会社である存続会社は、当該債権者に対し、弁済し、若しくは相当の担保を提供し、又は当該債権者に弁済を受けさせることを目的として信託会社等に相当の財産を信託しなければなりません（会社法799条5項本文、789条5項本文）。ただし、吸収合併をしてもその債権者を害するおそれがないときは、弁済等の対応をする必要はありません（会社法789条5項但書、799条5項但書）。

(8)　知れている債権者に対する個別催告の省略

　知れている債権者がいる場合であっても、定款に定める公告方法が時事

に関する事項を掲載する日刊新聞紙に掲載する方法又は電子公告の場合、官報公告に加えてそれらの公告方法でも公告することで、知れている債権者への個別催告を省略することができます（会社法789条3項、799条3項）。

　ただし、存続会社が株式会社又は合同会社のときに、持分会社である消滅会社において知れている債権者に対する個別催告を省略することができるのは、消滅会社が合同会社であるときに限られます（会社法793条2項）。存続会社が株式会社又は合同会社のときに、消滅会社が合名会社又は合資会社の場合は、吸収合併により、無限責任社員がいなくなってしまうため、知れている債権者に対する個別催告は必ず行う必要があります。なお、存続会社が株式会社又は合同会社でないときは、消滅会社が合名会社又は合資会社であっても官報公告に加えて定款に定める公告方法が時事に関する事項を掲載する日刊新聞紙に掲載する方法又は電子公告することで、知れている債権者に対する個別催告を省略することができます。

⑼　**官報公告の掲載**

　吸収合併についての官報公告への掲載は、存続会社と消滅会社が、個別に、又は連名で、官報販売所に対して申込書、文案、貸借対照表及び損益計算書をFAX又はメールで送信して申し込むことで行われます（申込時の計算書類について、官報公告に最終の貸借対照表の要旨を掲載する場合でも、当期純利益・純損失を表示させるために最終の事業年度に係る損益計算書を併せて送信することが多いと思います。）。

　官報公告の掲載申込みを行ってから最短3週間程で官報に掲載されます。

⑽　**官報公告例**

　吸収合併についての官報には⑶に定める必要的記載事項を公告する必要があります。合併公告は、各当事会社が単独で公告することができますが、実務上は、存続会社及び消滅会社の連名で公告がなされることが多いです。吸収合併の効力発生日や吸収合併契約の承認日は、その事項に含まれていないため、必ずしも公告する必要はありません。しかし、それらを確認的に公告することもできます。

　また、決算公告を官報に公告する方法で行うとしている会社も、実際には、公告をしていないことが多いため、そのような場合は、最終の貸借対照表の要旨を公告することが多いです。

【資料1　連名公告文例（効力発生日及び合併承認日等を公告しない場合（株式会社同士））】

> **合併公告**
>
> 　左記会社は合併して甲は乙の権利義務全部を承継して存続し乙は解散することにいたしました。
>
> 　この合併に対し異議のある債権者は、本公告掲載の翌日から一箇月以内にお申し出下さい。
>
> 　なお、最終貸借対照表の要旨は左記のとおりです。
>
> 　令和〇年〇月〇日
> 　　□□県□□市…
>
> 　　　　　　　（甲）株式会社□□
> 　　　　　　　　　代表取締役　　□□
>
> 　　△△県△△市…
>
> 　　　　　　　（乙）株式会社△△
> 　　　　　　　　　代表取締役　　△△

※1　実際の公告は縦書きです。
※2　甲乙の最終の貸借対照表の要旨は省略します。

【資料2　連名公告文例（効力発生日及び合併承認日を公告する場合（株式会社同士））】

> **合併公告**
>
> 　左記会社は合併して甲は乙の権利義務全部を承

継して存続し乙は解散することにいたしました。

　効力発生日は令和○年○月○日であり、両社の株主総会の承認決議は令和○年○月○日に終了しております。

　この合併に対し異議のある債権者は、本公告掲載の翌日から一箇月以内にお申し出下さい。

　なお、最終貸借対照表の開示状況は次のとおりです。

（甲）左記のとおりです。

（乙）掲載紙　官報

　　　　掲載の日付　令和○年○月○日

　　　　掲載頁　○○頁（号外第○○号）

　令和○年○月○日

　　　□□県□□市…

　　　　　　　　　　（甲）株式会社□□

　　　　　　　　　　　　代表取締役　□□

　　　△△県△△市…

　　　　　　　　　　（乙）株式会社△△

　　　　　　　　　　　　代表取締役　△△

※1　実際の公告は縦書きです。
※2　甲の最終の貸借対照表の要旨は省略します。

【資料3　連名公告文例（効力発生日及び承認日を公告する場合（存続会社：合資会社、消滅会社：株式会社））】

合併公告
　左記会社は合併して甲は乙の権利義務全部を承継して存続し乙は解散することにいたしました。
　効力発生日は令和○年○月○日であり、甲の社

員総会決議は令和○年○月○日に、乙の株主総会
の承認決議は令和○年○月○日に予定しておりま
す。

　この合併に対し異議のある債権者は、本公告掲
載の翌日から一箇月以内にお申し出下さい。

　なお、最終貸借対照表の要旨は次のとおりです。

（乙）http://www…

令和○年○月○日

　　□□県□□市…

　　　　　　　　（甲）合資会社□□

　　　　　　　　　　代表社員　　□□

　　△△県△△市…

　　　　　　　　（乙）株式会社△△

　　　　　　　　　　代表取締役　　△△

※1　実際の公告は縦書きです。

※2　乙が電子公告により最終の貸借対照表を公告している場合は、公告
　　が掲載されているHP等のアドレスを記載します。

※3　持分会社である乙については計算書類に関する事項を公告する必要
　　はありません。

【資料4　単独公告文例（株式会社同士）】

（存続会社分（簡易吸収合併の場合））

合併公告

　当社（甲）は、合併により○○株式会社（乙、
住所○○県○○市…）の権利義務全部を承継して
存続し乙は解散することにいたしました。

　効力発生日は令和○年○月○日であり、この合
併は令和○年○月○日に会社法第七九六条第二項
に基づき株主総会決議を経ずに決定いたしました。

> 　この合併に対し異議のある債権者は、本公告掲載の翌日から一箇月以内にお申し出下さい。
>
> 　なお、最終貸借対照表の要旨は次のとおりです。
>
> （甲）確定した最終事業年度はありません。
>
> 　（乙）掲載紙　　○○新聞
>
> 　　　　掲載の日付　令和○年○月○日
>
> 　　　　掲載頁　　○○頁
>
> 　令和○年○月○日
>
> 　　□□県□□市…
>
> 　　　　　　　　株式会社□□
>
> 　　　　　　　　代表取締役　　□□

※1　実際の公告は縦書きです。

※2　甲が設立した間もない会社であるような場合で、最終事業年度がない（未到来又は決算が確定していない）ときの記載です。

※3　乙が、時事に関する事項を掲載する日刊新聞紙で公告している場合、当該新聞の名称、日付及び当該公告が掲載されている頁を公告します。

※4　存続会社の単独公告ですが、消滅会社が株式会社の場合は、消滅会社の計算書類に関する事項も公告する必要があります。

（消滅会社分）

> **合併公告**
>
> 　当社（乙）は、合併により株式会社□□（甲、住所□□県□□市…）に権利義務全部を承継させて解散することにいたしました。
>
> 　この合併に対し異議のある債権者は、本公告掲載の翌日から一箇月以内にお申し出下さい。
>
> 　なお、最終貸借対照表の要旨は次のとおりです。
>
> （甲）確定した最終事業年度はありません。
>
> 　（乙）掲載紙　　○○新聞

```
            掲載の日付　令和○年○月○日

            掲載頁　○○頁

        令和○年○月○日

         ○○県○○市…

                        ○○株式会社

                        代表取締役　○○
```

※1　実際の公告は縦書きです。

※2　消滅会社の単独公告ですが、存続会社が株式会社の場合は存続会社
　　の計算書類に関する事項も公告する必要があります。

【資料5　単独公告文例（存続会社：株式会社、消滅会社：合名会社)】

（存続会社分）

```
合併公告

　当社（甲）は、合併により○○合名会社（乙、
住所○○県○○市…）の権利義務全部を承継して
存続し乙は解散することにいたしました。

　この合併に対し異議のある債権者は、本公告掲
載の翌日から一箇月以内にお申し出下さい。

　なお、最終貸借対照表の要旨は次のとおりです。
（甲）掲載紙　官報

        掲載の日付　令和○年○月○日

        掲載頁　○○頁（号外第○○号）

    令和○年○月○日

        □□県□□市…

                    株式会社□□

                    代表取締役　□□
```

※1　実際の公告は縦書きです。

※2 相手方会社（消滅会社）が持分会社なので、株式会社である存続会
社のみの計算書類に関する事項を公告すれば足ります。

（消滅会社分）

> **合併公告**
>
> 　当社（乙）は、合併により株式会社□□（甲、住所□□県□□市…）に権利義務全部を承継させて解散することにいたしました。
>
> 　この合併に対し異議のある債権者は、本公告掲載の翌日から一箇月以内にお申し出下さい。
>
> 　令和○年○月○日
> 　　○○県○○市…
>
> 　　　　　　　　　　　　　　　○○合名会社
> 　　　　　　　　　　　　　　　代表社員　　○○

※1 実際の公告は縦書きです。
※2 持分会社の単独公告なので、自社の計算書類に関する事項だけでなく、存続会社が株式会社であっても存続会社の計算書類に関する事項を公告する必要はありません。

【資料6　単独公告文例（存続会社：合同会社、消滅会社：株式会社)】

（存続会社分）

> **合併公告**
>
> 　当社（甲）は、合併により○○株式会社（乙、住所○○県○○市…）の権利義務全部を承継して存続し乙は解散することにいたしました。
>
> 　この合併に対し異議のある債権者は、本公告掲載の翌日から一箇月以内にお申し出下さい。
>
> 　令和○年○月○日

```
　　　□□県□□市…

　　　　　　　　　　　　　　合同会社□□

　　　　　　　　　　　　　　代表社員　　□□
```

※1　実際の公告は縦書きです。

※2　持分会社の単独公告なので、自社の計算書類に関する事項だけでなく消滅会社が株式会社であっても存続会社の計算書類に関する事項を公告する必要はありません。

（消滅会社分）

```
合併公告

　当社（乙）は、合併により合同会社□□（甲、
住所□□県□□市…）に権利義務全部を承継させ
て解散することにいたしました。

　この合併に対し異議のある債権者は、本公告掲
載の翌日から一箇月以内にお申し出下さい。

　なお、最終貸借対照表の要旨は次のとおりです。

（乙）掲載紙　　○○新聞

　　　　掲載の日付　　令和○年○月○日

　　　　掲載頁　　○○頁

　　令和○年○月○日

　　　○○県○○市…

　　　　　　　　　　　　　　○○株式会社

　　　　　　　　　　　　　　代表取締役　　○○
```

※1　実際の公告は縦書きです。

※2　相手方会社（存続会社）が持分会社なので、株式会社である消滅会社のみの計算書類に関する事項を公告すれば足ります。

【資料7　単独公告文例（持分会社同士　存続会社：合同会社、消滅会社：合名会社）】

（存続会社分）

> **合併公告**
>
> 　当社（甲）は、合併により○○合名会社（乙、住所○○県○○市…）の権利義務全部を承継して存続し乙は解散することにいたしました。
>
> 　この合併に対し異議のある債権者は、本公告掲載の翌日から一箇月以内にお申し出下さい。
>
> 　令和○年○月○日
> 　　□□県□□市…
>
> 　　　　　　　　　　　　　合同会社□□
> 　　　　　　　　　　　　　代表社員　　□□

※1　実際の公告は縦書きです。

※2　持分会社の単独公告おいては、消滅会社及び存続会社の計算書類に関する事項を公告する必要がありません。

（消滅会社分）

> **合併公告**
>
> 　当社（乙）は、合併により合同会社□□（甲、住所□□県□□市…）に権利義務全部を承継させて解散することにいたしました。
>
> 　この合併に対し異議のある債権者は、本公告掲載の翌日から一箇月以内にお申し出下さい。
>
> 　令和○年○月○日
> 　　○○県○○市…
>
> 　　　　　　　　　　　　　○○合名会社

代表社員　　○○

※1　実際の公告は縦書きです。

※2　持分会社の単独公告おいては、消滅会社及び存続会社の計算書類に
　　関する事項を公告する必要がありません。

⑾　個別催告書例

　　吸収合併について知れている債権者に対する個別催告として、各債権者
　に送付する催告書には⑶に定める必要的記載事項が記載されている必要が
　あります。この個別催告書は、存続会社・消滅会社が各々単独で自社の債
　権者に対して行うことが多いです。

【催告書例1　（存続会社と消滅会社がともに株式会社の場合）】

（消滅会社）

催　告　書

令和○年○月○日

債権者　各位

△△県△△市…

株式会社△△

代表取締役　　△△

拝啓　御社益々御清祥のことと存じます。

　　さて、今般当社は、合併により株式会社□□（本店　　□□県□□市…）
に権利義務全部を承継させて解散することにいたしました。効力発生日は
令和○年○月○日と決定いたしました。

　　この合併に対し異議のある債権者は、令和○年○月○日までにお申し出
下さい。なお、両会社の最終貸借対照表の要旨は別紙のとおりです。

敬具

※　両会社の最終貸借対照表の要旨は省略します。

（存続会社）

$$催　告　書$$

令和○年○月○日

債権者　各位

　　　　　　　　　　□□県□□市…

　　　　　　　　　　株式会社□□

　　　　　　　　　　代表取締役　　□□

拝啓　貴殿益々御清祥のことと存じます。

　さて、今般当社は、合併により株式会社△△（住所　△△県△△市…）の権利義務全部を承継して存続し、株式会社△△は解散することにいたしました。効力発生日は令和○年○月○日と決定いたしました。

　この合併に対し異議のある債権者は、令和○年○月○日までにお申し出ください。なお、両会社の最終貸借対照表の要旨は別紙のとおりです。

敬具

※　両会社の最終貸借対照表の要旨は省略します。

【催告書例2　（存続会社が持分会社、消滅会社が株式会社の場合）】

（消滅会社）

$$催　告　書$$

令和○年○月○日

債権者　各位

　　　　　　　　　　△△県△△市…

　　　　　　　　　　株式会社△△

代表取締役　　△△

　拝啓　御社益々御清祥のことと存じます。

　　さて、今般当社は、合併により合資会社□□（本店　□□県□□市…）に権利義務全部を承継させて解散することにいたしました。効力発生日は令和○年○月○日と決定いたしました。

　　この合併に対し異議のある債権者は、令和○年○月○日までにお申し出下さい。なお、当社の最終貸借対照表の要旨は別紙のとおりです。　　敬具

※1　株式会社である消滅会社の最終貸借対照表の要旨は省略します。
※2　相手方会社（存続会社）である持分会社の最終貸借対照表の開示状況に触れる必要はありません。

（存続会社）

催　告　書

令和○年○月○日

債権者　各位

□□県□□市…
合資会社□□
代表社員　　□□

　拝啓　貴殿益々御清祥のことと存じます。

　　さて、今般当社は、合併により株式会社△△（住所　△△県△△市…）の権利義務全部を承継して存続し、株式会社△△は解散することにいたしました。効力発生日は令和○年○月○日と決定いたしました。

　　この合併に対し異議のある債権者は、令和○年○月○日までにお申し出ください。　　敬具

※　持分会社単独の個別催告書においては、両会社の最終貸借対照表の開示状況に触れる必要はありません。

【催告書例 3 （存続会社が株式会社、消滅会社が持分会社の場合）】

（消滅会社）

催　告　書

令和○年○月○日

債権者　各位

△△県△△市…

合同会社△△

代表社員　　△△

拝啓　御社益々御清祥のことと存じます。

　さて、今般当社は、合併により株式会社□□（本店　　□□県□□市…）に権利義務全部を承継させて解散することにいたしました。効力発生日は令和○年○月○日と決定いたしました。

　この合併に対し異議のある債権者は、令和○年○月○日までにお申し出下さい。

敬具

※　持分会社単独の個別催告書においては、両会社の最終貸借対照表の開示状況に触れる必要はありません。

（存続会社）

催　告　書

令和○年○月○日

債権者　各位

□□県□□市…

株式会社□□

代表取締役　　□□

拝啓　貴殿益々御清祥のことと存じます。

　さて、今般当社は、合併により合同会社△△（住所　△△県△△市…）の権利義務全部を承継して存続し、合同会社△△は解散することにいたしました。効力発生日は令和○年○月○日と決定いたしました。

　この合併に対し異議のある債権者は、令和○年○月○日までにお申し出ください。なお、当社の最終貸借対照表の要旨は別紙のとおりです。

敬具

※　株式会社である消滅会社の最終貸借対照表の要旨は省略します。

【催告書例4　（存続会社と消滅会社がともに持分会社の場合)】

（消滅会社）

催　告　書

令和○年○月○日

債権者　各位

△△県△△市…

合名会社△△

代表社員　△△

拝啓　御社益々御清祥のことと存じます。

　さて、今般当社は、合併により合同会社□□（本店　□□県□□市…）に権利義務全部を承継させて解散することにいたしました。効力発生日は令和○年○月○日と決定いたしました。

　この合併に対し異議のある債権者は、令和○年○月○日までにお申し出下さい。

敬具

※　持分会社単独の個別催告書においては、両会社の最終貸借対照表の開示状況に触れる必要はありません。

（存続会社）

催　告　書

令和○年○月○日

債権者　各位

□□県□□市…
合同会社□□
代表社員　　□□

拝啓　貴殿益々御清祥のことと存じます。

　さて、今般当社は、合併により合名会社△△（住所　△△県△△市…）
の権利義務全部を承継して存続し、合名会社△△は解散することにいたし
ました。効力発生日は令和○年○月○日と決定いたしました。

　この合併に対し異議のある債権者は、令和○年○月○日までにお申し出
ください。

敬具

※　持分会社単独の個別催告書においては、両会社の最終貸借対照表の開示状況に触れる必
　要はありません。

11　株券提出公告手続

　消滅会社が株券発行会社であり、実際に株券を発行している場合は、吸収合
併の効力発生日に株券が無効となるため（会社法219条3項）、吸収合併の効力
発生日までに株券を提出しなければならない旨を当該日の1か月前までに公告
し、かつ、株主及び登録株式質権者に各別に通知しなければなりません（会社
法219条1項6号）。

　ただし、すべての株主から株券不所持の申出があった場合（会社法217条）
や非公開会社においてすべての株主から株券発行の請求がなされていないため

－127－

株券が一切発行されていない場合（会社法215条4項）等、株式の全部について株券を発行していないときは、公告及び通知をする必要はありません。

12　新株予約権証券提出公告手続

　吸収合併の効力発生日に新株予約権証券が無効となるため（会社法293条3項）、消滅会社が新株予約権証券を発行している会社である場合は、吸収合併の効力発生日までに新株予約権証券を提出しなければならない旨を当該日の1か月前までに公告し、かつ、新株予約権者及び登録新株予約権質権者に各別に通知しなければなりません（会社法293条1項3号）。

【株券等提出公告】

> **合併につき株券等提出公告**
> 　当社は、株式会社□□と合併して解散することにいたしましたので、当社の株券（新株予約権証券、新株予約権付社債券を含む）を所有する方は、株券提出日（新株予約権証券提出日）である令和○年○月○日までに当社にご提出下さい。
>
> 　　令和○年○月○日
> 　　　△△県△△市…
>
> 　　　　　　　　　　　　　株式会社△△
> 　　　　　　　　　　　　　代表取締役　　△△

※　実際の公告は縦書きです。

コラム　通知・公告の集約

　吸収合併においては、通知・公告をすることが必要となる手続が多くありますが、例えば、①吸収合併の承認決議をする株主総会の招集通知と株式買取請求の前提となる株主への通知（会社法785条3項、797条3項）、

②債権者保護手続における公告（会社法789条2項、799条2項）と株式買取請求の前提としての株主に対する通知に代わる公告（会社法785条4項、797条4項）等を物理的に1つにまとめて行うこともできます。

13　効力発生日の変更

　吸収合併の効力は、登記の申請日ではなく、吸収合併契約において定めた効力発生日に生じます（会社法750条1項）。消滅会社は存続会社との合意により、効力発生日を変更することができます（会社法790条1項）。その場合、消滅会社は、変更前の効力発生日（変更後の効力発生日が変更前の効力発生日前の日である場合にあっては、当該変更後の効力発生日）の前日までに、変更後の効力発生日を公告しなければなりません（会社法790条2項）。合併公告においては、効力発生日は必要的な公告事項とされていませんが、この効力発生日の変更公告は、利害関係人に与える影響が大きいため、効力発生日が必要的な公告事項とされているのです。

　なお、この公告は、定款に定める公告方法によるため、必ずしも官報公告により掲載されるとは限りません。

【効力発生日の変更に関する合意書】

　　　　　　　　　　　合　意　書

【吸収合併存続会社】□□県□□市…
　　　　　　　　　　株式会社□□
【吸収合併消滅会社】△△県△△市…
　　　　　　　　　　株式会社△△

　　上記会社は、本日、令和○年○月○日締結の吸収合併契約書第○○条に定める効力発生日を令和○年○月○日に変更することを合意する。

　　令和○年○月○日

　　　　　　　　　　　　　　　　　　□□県□□市…
　　　　　　　　　　　　　　　　　　株式会社□□
　　　　　　　　　　　　　　　　　　代表取締役　　□□　㊞
　　　　　　　　　　　　　　　　　　△△県△△市…
　　　　　　　　　　　　　　　　　　株式会社△△
　　　　　　　　　　　　　　　　　　代表取締役　　△△　㊞

【効力発生日変更公告文例】

効力発生日変更公告
　　当会社は、令和○年○月○日予定の吸収合併の効力発生日を令和○年○月○日に変更いたしましたので公告します。
　　令和○年○月○日
　　　　　　　　△△県△△市…
　　　　　　　　　　　　　株式会社△△
　　　　　　　　　　　　　代表取締役　　△△

※1　実際の公告は縦書きです。
※2　公告の主体は、消滅会社です。

14　吸収合併の登記

(1)　登記申請

　　吸収合併の登記は、その効力が生じた日から2週間以内に、（消滅会社の本店所在地を管轄する登記所が、存続会社の本店所在地を管轄する登記

所と異なる場合でも）存続会社の本店所在地を管轄する登記所に対し、存続会社についての変更の登記申請と消滅会社についての解散の登記申請を同時に行う必要があります（会社法921条、商業登記法82条3項）。実務上、存続会社についての変更の登記申請書の右上部余白に「同時申請1/2」、消滅会社についての解散の登記申請書の右上部余白に「同時申請2/2」という具合に記載して、存続会社の本店所在地を管轄する登記所に対して申請することになります。

　吸収合併の登記は、存続会社の本店所在地を管轄する登記所において、存続会社についての変更の登記申請書と消滅会社についての解散の登記申請の両方が審査されます。その審査を通ると、存続会社の変更の登記がされ、登記官は遅滞なく、その登記の日を消滅会社の登記申請書に記載し、存続会社と消滅会社の本店所在地を管轄する登記所が異なる場合は、存続会社の本店所在地を管轄する登記所は、消滅会社の解散登記についての申請書を消滅会社の本店所在地を管轄する登記所に送付しなければなりません（商業登記法83条2項）。その後消滅会社についての解散の登記申請書の送付を受けた登記所は、消滅会社の登記記録に合併による解散の旨を登記し、登記記録を閉鎖します（経由申請）。

　なお、吸収合併は、契約で定めた効力発生日に効力を生じるため、消滅会社について、吸収合併による解散登記をしないと、登記記録上、消滅会社が存在していることになります。そのため、吸収合併の効力が生じた後に消滅会社の不動産等の資産を第三者が売却等により取得してしまうこともあり得ます。この場合、当該第三者は善意であるか、悪意であるかを問わず保護され、存続会社は、消滅会社が吸収合併が効力を生じたことにより解散し消滅したことを当該第三者に対抗することができません（会社法750条2項、752条2項）。そのため、合併による存続会社の変更登記と消滅会社の解散登記は、吸収合併の効力発生後速やかに申請される必要があります。

⑵　存続会社における変更登記申請

ア　添付書類

① 吸収合併契約書（商業登記法80条1号、108条1項1号、115条1項、124条）

効力発生日の変更があった場合には、①存続会社・消滅会社間の効力発生日の変更契約書、②株式会社の場合、取締役会設置会社においては取締役会議事録、取締役会非設置会社においては取締役の決定書（取締役が複数いるときは取締役の過半数の一致を証する書面）、③持分会社の場合、業務執行権を有する社員の決定書（業務執行権を有する社員が複数いるときは、定款に別段の定めがある場合を除き、その社員の過半数の一致を証する書面）も添付する必要があります。

② 存続会社における吸収合併契約の承認に関する書面（商業登記法46条、93条、商業登記規則61条3項）

存続会社が株式会社の場合、吸収合併契約の承認機関に応じて、株主総会議事録、種類株主総会議事録、株主リスト、取締役会議事録、取締役の決定書（取締役が複数いるときは、取締役の過半数の一致のあったことを証する書面）を添付します。

また、存続会社が持分会社の場合、合併対価が存続会社の持分である場合は、消滅会社の株主又は社員が新たに存続会社の社員として加わることになるため、定款に別段の定めがある場合を除き、総社員の同意が必要になり、総社員の同意書の添付が必要になります。それ以外の場合は、定款に別段の定めがある場合を除き、業務執行権を有する社員の決定（業務執行権を有する社員が複数いるときは、定款に別段の定めがある場合を除き、その社員の過半数の一致）が必要となり、それを証する書面の添付が必要となります。

③ 消滅会社における吸収合併契約の承認に関する書面（商業登記法80条6号・7号、93条、商業登記規則61条3項）

消滅会社が株式会社の場合、吸収合併契約の承認機関に応じて、株主総会議事録、種類株主総会議事録、株主リスト、総株主の同意があ

ったことを証する書面、種類株主全員の同意があったことを証する書面、取締役会議事録、取締役の決定書（取締役の過半数の一致のあったことを証する書面）等を添付する必要があります。

　消滅会社が持分会社の場合、総社員の同意（定款に別段の定めがある場合にあっては、定款とその定めによる手続）があったことを証する書面等を添付します。

コラム　株主リスト

　株主リストは、商業登記規則61条２項及び３項の規定によって添付が求められる書類です（平成28年６月23日民商第98号民事局長通達・第99号民事局商事課長依命通知）。商業登記規則61条２項の株主リストは、登記すべき事項に株主（種類株主）全員の同意を要する場合に添付が求められる書類です（後記資料１のとおり）。また、商業登記規則61条３項の株主リストは、登記すべき事項に株主総会又は種類株主総会の決議を要する場合に添付が求められる書類です（後記資料２のとおり）。吸収合併においては、承認機関に応じた種類の株主リストを作成することになります。

　どちらの株主リストも原則的に申請人となる会社の代表者が作成する必要があります。しかし、吸収合併においては、消滅会社の株主リストの作成者は、存続会社の代表者とされているので注意してください。

【資料1　商業登記規則61条2項の株主リスト】

（消滅会社用）

（1－2　商業登記規則61条2項の証明書）

証　　明　　書

　　令和○年○○月○○日付けで○○につき同意した株式会社○○の株主全員の氏名又は名称及び住所，各株主の有する株式の数及び議決権の数は次のとおりであることを証明します。

	氏名又は名称	住所	株式数　（株）	議決権数
1	○○○○	○○県○○市…	100	100
2	△△△△△	△△県△△市…	50	50
3				
4				
5				
6				
7				
8				
9				
10				

令和○年○○月○○日

合資会社▽▽
　代表社員　　▽▽

※　証明者は存続会社となるため、持分会社が証明者となることがあります。

【資料2　商業登記規則61条3項の株主リスト】

（存続会社用）

証　明　書

　令和○年○月○日付け臨時株主総会の全議案につき，総議決権数（当該議案につき，議決権を行使することができる全ての株主の有する議決権の数の合計をいう。以下同じ。）に対する株主の有する議決権（当該議案につき議決権を行使できるものに限る。以下同じ。）の数の割合が高いことにおいて上位となる株主であって，次の①と②の人数のうち少ない方の人数の株主の氏名又は名称及び住所，当該株主のそれぞれが有する株式の数（種類株主総会の決議を要する場合にあっては，その種類の株式の数）及び議決権の数並びに当該株主のそれぞれが有する議決権の数に係る当該割合は，次のとおりであることを証明します。
①　10名
②　その有する議決権の数の割合をその割合の多い順に順次加算し，その加算した割合が3分の2に達するまでの人数

	氏名又は名称	住所	株式数　（株）	議決権数	議決権数の割合
1	○○○○	○○県○○市…	400	400	80.0%
2					
3					
4					
5					
6					
7					
8					
9					
10					
			合計 400	80.0%	
			総議決権数	500	

令和○年○月○日

株式会社□□
代表取締役　　□□

（消滅会社用）

（1−2　商業登記規則61条3項の証明書）

証　明　書

　　○○株式会社の令和○年○月○日付け臨時株主総会の全議案につき，総議決権数（当該議案につき，議決権を行使することができる全ての株主の有する議決権の数の合計をいう。以下同じ。）に対する株主の有する議決権（当該議案につき議決権を行使できるものに限る。以下同じ。）の数の割合が高いことにおいて上位となる株主であって，次の①と②の人数のうち少ない方の人数の株主の氏名又は名称及び住所，当該株主のそれぞれが有する株式の数（種類株主総会の決議を要する場合にあっては，その種類の株式の数）及び議決権の数並びに当該株主のそれぞれが有する議決権の数に係る当該割合は，次のとおりであることを証明します。
①　　１０名
②　　その有する議決権の数の割合をその割合の多い順に順次加算し，その加算した割合が3分の2に達するまでの人数

	氏名又は名称	住所	株式数　（株）	議決権数	議決権数の割合
1	○○○○	○○県○○市…	1000	1000	100.0%
2					
3					
4					
5					
6					
7					
8					
9					
10					
			合計	1000	100.0%
			総議決権数	1000	

令和○年○月○日

株式会社□□
　　代表取締役　□□

※　証明者は存続会社となります。

【資料3　組織再編に関する登記における株主リストの作成者】法務局HPより

組織再編に関する登記における株主リストの作成者

組織再編の種類		株主リスト作成者	
合併	吸収合併	吸収合併存続会社	吸収合併消滅会社
		吸収合併存続会社の代表取締役	吸収合併存続会社の代表取締役
	新設合併	新設合併設立会社	新設合併消滅会社
		—	新設合併設立会社の代表取締役
会社分割	吸収分割	吸収分割承継会社	吸収分割会社
		吸収分割承継会社の代表取締役	吸収分割会社の代表取締役
	新設分割	新設分割設立会社	新設分割会社
		—	新設分割会社の代表取締役
株式交換		株式交換完全親会社	株式交換完全子会社
		株式交換完全親会社の代表取締役	株式交換完全子会社の代表取締役
株式移転		株式移転設立完全親会社	株式移転完全子会社
		—	株式移転完全子会社の代表取締役
組織変更 （株式会社→持分会社）		組織変更後の持分会社	組織変更前の株式会社
		—	組織変更後の持分会社の代表社員

④　略式合併又は簡易合併の要件を満たすことを証する書面（商業登記法80条2号）

(i)　略式合併の要件を満たすことを証する書面は、具体的には、存続会社の株主名簿が該当します。

(ii)　簡易合併の要件を満たすことを証する書面は、具体的には、会社法796条2項各号の額又はその概算額を示す等の方法により、その要件を満たしていることを確認することができる代表者の作成に係る証明書が該当します。

【簡易合併の要件を満たすことを証する書面】 法務局ＨＰより

会社法第796条第2項に該当する旨の証明書

1．会社法第796条第2項第1号の額　　　　　　　　　　　金〇〇円
　（①＋②＋③）
　①会社法第796条第2項第1号イの額　　　　　　　　　金〇〇円
　②同号ロの額　　　　　　　　　　　　　　　　　　　金〇〇円
　③同号ハの額　　　　　　　　　　　　　　　　　　　金〇〇円
2．会社法第796条第2項第2号の額　　　　　　　　　　　金〇〇円
　（①＋②＋③＋④＋⑤＋⑥－⑦）
　①資本金の額　　　　　　　　　　　　　　　　　　　金〇〇円
　②資本準備金の額　　　　　　　　　　　　　　　　　金〇〇円
　③利益準備金の額　　　　　　　　　　　　　　　　　金〇〇円
　④会社法第446条に規定する剰余金の額　　　　　　　　金〇〇円
　⑤最終事業年度の末日における評価・換算差額等に係る額　金〇〇円
　⑥新株予約権の帳簿価額　　　　　　　　　　　　　　金〇〇円
　⑦自己株式及び自己新株予約権の帳簿価額の合計額　　金〇〇円
3．1に掲げた額÷2に掲げた額　　　　　　　　　　　　　　〇〇

　　３の割合は５分の１を超えないこと並びに会社法第796条及び会社法施行規則第196条の規定に従って計算されたことに相違ありません。

　　令和○年○月○日

　　　　　　　　　　　　　　　　　　　○○商事株式会社

　　　　　　　　　　　　　　　　　　　代表取締役　　○○○○

※　２の額については、計算した結果、500万円を下回る場合は500万円となります（会社法施行規則196条）。

　　⑤　簡易合併に反対の意思の通知をした株主がある場合における会社法796条３項の株主総会の承認を受けなければならない場合には該当しないことを証する書面（商業登記法80条２号）

　　　⑴　簡易合併に反対する旨を通知した株主がある場合に、その有する総株式数が会社法施行規則197条の規定により定める数に達しないことを内容とする代表者の証明書を添付します。

【簡易合併に反対の意思の通知をした株主がある場合における会社法796条３項の株主総会の承認を受けなければならない場合には該当しないことを証する書面】 法務局ＨＰより

　　　　　　　　　　　　　　　証　明　書

　　令和○年○月○日開催の取締役会の決議に基づく○○株式会社との簡易合併についての公告又は通知に対して反対の意思の通知をした株主が有する議決権の総数は○個であるところ、会社法施行規則第197条に定める株式の数は○個であるから、会社法第796条第３項により株主総会の承認を得なければならない場合には該当しないことを証明する。

令和○年○月○日

　　　　　　　　　　　　　　　　　　　　○県○市○町○番○号

　　　　　　　　　　　　　　　　　　　　○○商事株式会社

　　　　　　　　　　　　　　　　　　　　代表取締役○○○○

　(ⅱ)　簡易合併を行う場合において、簡易合併に反対の意思の通知をし
　　　た株主がないときは、登記申請書に「反対の意思の通知をした株主
　　　はいない。」と記載します。

⑥　債権者保護手続のため公告及び催告（公告を官報のほか時事に関す
　る事項を掲載する日刊新聞紙又は電子公告によってした場合にあって
　は、これらの方法による公告）をしたことを証する書面（商業登記法
　80条3号・8号、108条1項3号、115条1項、124条）

　　存続会社及び消滅会社において債権者保護手続を行ったことを証す
　る書面となります。具体的には、公告をしたことを証する書面（官報
　等）及び必要に応じ知れている債権者に対する催告書（控え）を添付
　します。

⑦　異議を述べた債権者があるときは、当該債権者に対し弁済し若しく
　は相当の担保を提供し若しくは当該債権者に弁済を受けさせることを
　目的として相当の財産を信託したこと又は当該吸収合併をしても当該
　債権者を害するおそれがないことを証する書面（商業登記法80条3号
　8号、108条1項3号、115条1項、124条）

　(ⅰ)　債権者の異議申立書並びに弁済金受領証書、担保提供証明書若し
　　　くは信託証書又は合併をしてもその者を害するおそれがないことを
　　　証する書面を添付します（平成9年9月19日民四第1709号民事局長
　　　通達）。

【合併異議申述書】法務局ＨＰより

合 併 異 議 申 述 書

　拝復、貴社におかれては、去る○月○日の株主総会の決議に基づき、○○株式会社を合併せられるとして、過日異議申出の御催告を受けましたが、私は、上記合併について異議がありますので、会社法第799条の規定により上記異議を申し述べます。

　　令和○年○月○日

　　　　　　　　　　　　　　　　　　　　　　○県○市○町○番○号
　　　　　　　　　　　　　　　　　　　　　　債権者○○○○

○○商事株式会社
　代表取締役社長○○○○殿

【弁済受領書の例】法務局ＨＰより

弁 済 金 受 領 証 書

　　　　一金○円也　　　ただし、○○の売掛代金
　貴社と○株式会社の合併につき○月○日異議あることを申し出ましたところ、本日上記金額の弁済を受け、正に受領しました。

　　令和○年○月○日

　　　　　　　　　　　　　　　　　　　　　　○県○市○町○番○号
　　　　　　　　　　　　　　　　　　　　　　○○○○

○○商事株式会社

代表取締役社長〇〇〇〇殿

【合併に異議を述べた債権者について合併をしてもその者を害するおそれのないことを証する書面】法務局ＨＰより

証　明　書

　令和〇年〇月〇日開催の臨時株主総会の承認決議に基づく〇〇株式会社との合併についての公告又は通知に対して異議を述べた〇〇については、次のとおりその債権の弁済期における弁済が確実であり、合併をしてもその者を害するおそれがないことを証明する。

記

　〇〇が有する債権

　　債権額　　　　　　　　　　金〇円

　　弁済期　　　　　　　　　　令和〇年〇月〇日

　　担保の有無　　　　　　　　有（又は無）

　　合併当事会社の資産状況　　別紙貸借対照表のとおり

　　その他営業実績等　　　　　別紙営業報告書のとおり

　附属書類

　　登記事項証明書　　　　　　〇通

　　貸借対照表　　　　　　　　２通

　　営業報告書　　　　　　　　２通

　令和〇年〇月〇日

〇県〇市〇町〇番〇号
〇〇商事株式会社
代表取締役〇〇〇〇

　(ii)　異議を述べた債権者がないときは、登記申請書に「異議を述べた

債権者はない。」と記載するか、後記資料1のように公告及び催告をしたことを証する書面兼異議を述べた債権者がいない旨の証明書を添付します（知れている債権者がいない場合は、後記資料2のような証明書を添付します。）。

【資料1　公告及び催告をしたことを証する書面兼異議を述べた債権者がいない旨の証明書】

（1頁目）

異議を述べた債権者がいない旨の証明書

　当会社は、本吸収合併につき、会社法の規定に基づき、下記のとおり、債権者に異議の申出を求めましたが、所定の期間内に異議を申し出た債権者はありませんでした。

記

1　別紙官報公告のとおり
2　添付の催告書見本及び催告書送付リストのとおり

　　令和○年○月○日

　　　　　　　　　　　　　　○○県○○市…
　　　　　　　　　　　　　　○○株式会社
　　　　　　　　　　　　　　代表取締役　○○○○　㊞

（2頁目）

官報公告に掲載された頁の写し（掲載省略）

（3頁目…存続会社の場合）

催　告　書

令和〇年〇月〇日

債権者　各位

〇〇県〇〇市…

〇〇株式会社

代表取締役　〇〇〇〇

　拝啓　貴殿益々御清祥のことと存じます。

　さて、今般当社は、合併により株式会社△△（住所　△△県△△市…）の権利義務全部を承継して存続し、株式会社△△は解散することにいたしました。効力発生日は令和〇年〇月〇日と決定いたしました。

　この合併に対し異議のある債権者は、令和〇年〇月〇日までにお申し出ください。なお、両会社の最終貸借対照表の要旨は別紙のとおりです。

敬具

（3頁目…消滅会社の場合）

催　告　書

令和〇年〇月〇日

債権者　各位

                                    △△県△△市…

                                    株式会社△△

                                    代表取締役　　△△

　拝啓　貴殿益々御清祥のことと存じます。

　さて、今般当社は、合併により○○株式会社（住所　○○県○○市…）に権利義務全部を承継させて解散することにいたしました。

　この合併に対し異議のある債権者は、令和○年○月○日までにお申し出ください。なお、両会社の最終貸借対照表の要旨は別紙のとおりです。

                                                            敬具

（4頁目）

存続会社の最終の貸借対照表の写し（掲載省略）

（5頁目）

消滅会社の最終の貸借対照表の写し（掲載省略）

（6頁目）

	催告書送付先リスト	
	債権者名	住所
1	○○銀行○○支店	○○県○○市…
2	株式会社○○○○	○○県○○市…
3	○○信用金庫○○支店	○○県○○市…
4	株式会社○○○○	○○県○○市…
5	○○公社	○○県○○市…
6	信用組合○○△△支店	○○県○○市…

【資料2　知れている債権者がいない場合の証明書】

（1頁目）

異議を述べた債権者がいない旨の証明書

　当会社は、本吸収合併につき、会社法の規定に基づき、下記のとおり、債権者に異議の申出を求めましたが、所定の期間内に異議を申し出た債権者はありませんでした。

　なお、当会社は、令和○年○月○日までに負債を全額返済したため、知れている債権者に向けた各別の催告はする必要がありませんでした。

記

1　別紙官報公告のとおり

　令和○年○月○日

△△県△△市…

株式会社△△

代表取締役　　△△

※　吸収合併の効力発生日以降の作成日付であれば、消滅会社は既に消滅しているため、存続会社が証明者となります。

（2頁目）

官報公告に掲載された頁の写し（掲載省略）

⑧　資本金の額が計上されたことを証する書面

　　合併対価の全部又は一部が存続会社の株式又は持分の場合、存続会社の資本金の額が増加することがあります。株式会社及び合同会社においては、資本金の額が登記事項とされているため、吸収合併により資本金の額が増加する場合は、株式会社においては「資本金の額が会社法445条5項の規定に従って計上されたことを証する書面（商業登記法80条4号）」、合同会社においては「資本金の額が法令に従って計上されたことを証する書面（商業登記規則92条、61条9項）」を添付する必要があります。

【資本金の額が会社法445条5項の規定に従って計上されたことを証する書面】
⑴　存続会社が消滅会社の株主資本を引き継ぐ場合以外の場合

資本金の額の計上に関する証明書

　株主資本等変動額（会社計算規則第35条第1項）

　　　　　　　　　　　　　　　　　　　　　　　　金○○円

　吸収合併存続会社の資本金の増加額○○円は、会社法第445条及び会社計算規則第35条第1項の規定に従って計上されたことに相違ないことを証明する。

　　令和○年○月○日

　　　　　　　　　　　　　　　○県○市○町○丁目○番○号
　　　　　　　　　　　　　　　○○株式会社
　　　　　　　　　　　　　　　　代表取締役　　○○　　○○

(2) 存続会社が消滅会社の株主資本を引き継ぐ場合

資本金の額の計上に関する証明書

　吸収合併消滅会社の合併直前資本金額（会社計算規則第36条第1項）

　　　　　　　　　　　　　　　　　　　　　　　　　金○○円

　吸収合併存続会社の資本金の増加額○○円は、会社法第445条及び会社計算規則第36条第1項の規定に従って計上されたことに相違ないことを証明する。

　令和○年○月○日

　　　　　　　　　　　　　　　○県○市○町○丁目○番○号
　　　　　　　　　　　　　　　○○株式会社
　　　　　　　　　　　　　　　代表取締役　　○○　　○○

⑨　消滅会社の登記事項証明書（商業登記法80条5号、108条1項2号、115条1項、124条）

　　消滅会社の登記事項証明書は、発行後3か月以内のものである必要がありますが、申請する登記所と同一の登記所に消滅会社の登記がある場合には、添付を省略することができます。また、申請する登記所と同一の登記所に消滅会社の登記がない場合でも、登記申請書に消滅会社の会社法人等番号を記載することにより、添付を省略することができます。この場合には、以下のように記載します。

【記載例】

> 消滅会社の登記事項証明書 添付省略
>
> （会社法人等番号 1111-11-111111）

⑩　消滅会社が株券発行会社であるときは、株券発行会社においては、会社法219条1項本文の規定による株券提供公告をしたことを証する書面又は当該株式の全部について株券を発行していないことを証する書面（商業登記法80条9号）

【株式の全部について株券を発行していないことを証する書面】

株券を発行していないことを証する書面

　当会社の株式全部につき、下記株主名簿のとおり、株券を発行していないことを証明します。

　令和○年○月○日

○○県○○市…

○○株式会社

代表取締役　　○○○○

○○株式会社株主名簿

令和○年○月○日現在

番号	氏名又は名称	住　所	株式の種類	株式数	備　考
1	○○○○	○○県○○市…	普通株式	○株	株券不発行

| 2 | 株式会社○○ | ○○県○○市… | 普通株式 | ○株 | 株券不発行 |
| 3 | 合同会社○○ | ○○県○○市… | 普通株式 | ○株 | 株券不発行 |

⑪　新株予約権証券を発行しているときは、会社法293条1項の規定による新株予約権証券提供公告をしたことを証する書面又は同項に規定する新株予約権証券を発行していないことを証する書面（商業登記法80条10号）

⑫　合併につき主務官庁の許可が効力要件となる場合は、主務官庁の許可書又はその認証がある謄本（商業登記法19条）

⑬　法人が持分会社である存続会社の社員になるとき（合同会社が存続会社のときは、法人が存続会社の業務執行社員になるとき）は、登記事項証明書（商業登記法108条1項4号、94条2号・3号、115条1項、124条）

　　この登記事項証明書は、発行後3か月以内のものである必要がありますが、申請する登記所と同一の登記所に消滅会社の登記がある場合には、添付を省略することができます。また、申請する登記所と同一の登記所に消滅会社の登記がない場合でも、登記申請書に消滅会社の会社法人等番号を記載することにより、添付を省略することができます。

　　なお、この法人社員が存続会社の代表社員になるときは、上記に加えて、当該社員の職務執行者の選任に関する書面及び当該職務執行者の就任を承諾したことを証する書面の添付も必要になります（商業登記法108条1項4号、94条2号・3号、115条1項、124条）。

⑭　存続会社が合資会社であるときは、有限責任社員が既に履行した出資の価額を証する書面（商業登記法115条2項、110条）

⑮　登録免許税法施行規則第12条第5項の規定に関する証明書
　　合併により存続会社（株式会社又は合同会社）の資本金の額が増

加する場合に添付することを要します（登録免許税法施行規則12条2項、平成19年4月25日民商第971号民事局長通達）。

【登録免許税法施行規則第12条第5項の規定に関する証明書】

登録免許税法施行規則第12条第5項の規定に関する証明書

1　吸収合併により消滅する○○株式会社に係る登録免許税法施行規則第12条第5項に掲げる額は、次のとおりである。

① 吸収合併により消滅する会社の当該消滅の直前における資産の額（登録免許税法施行規則第12条第5項第1号）

金○○円

② 吸収合併により消滅する会社の当該消滅の直前における負債の額（登録免許税法施行規則第12条第5項第1号）

金○○円

③ 吸収合併後存続する株式会社又は合同会社が当該吸収合併に際して当該吸収合併により消滅する各会社の株主又は社員に対して交付する財産（当該吸収合併後存続する株式会社の株式及び合同会社の持分を除く。）の価額（登録免許税法施行規則第12条第5項第2号）

金○○円

④ ③の交付する財産のうち当該吸収合併後存続する株式会社が有していた自己の株式の価額（登録免許税法施行規則第12条第5項第3号）

金○○円

上記の額に相違ないことを証明する。

令和○年○月○日

○県○市○町○丁目○番○号

○○商事株式会社

代表取締役　　○○○○

※　吸収合併により消滅する会社が複数である場合、会社ごとに①から④までの額を記載するものとします。ただし、証明書はまとめて1通として差し支えありません。

⑯　代理権限を証する書面

合併による存続会社の変更登記及び消滅会社の解散登記の申請を司法書士等の代理人に依頼する際は、存続会社の委任状を添付する必要があります。

【委任状例】

委　任　状

住　所　　○○県○○市…

氏　名　　司法書士　○○

私は、上記の者を代理人と定め、次の一切の権限を委任する。

記

1．令和○年○月○日、当会社は○○県○○市…株式会社○○を合併したので、その変更登記申請に関する一切の件

1．添付書類の原本還付請求及び受領に関する件

1．復代理人選任に関する一切の件

1．登記申請の取下げ及び登録免許税の現金還付又は再使用証明申出の請求受領に関する一切の件

1．登記に係る登録免許税の還付金を受領する一切の件

令和○年○月○日

□□県□□市…

株式会社□□

代表取締役　□□　㊞（会社実印）

イ　登録免許税

　　吸収合併による存続会社（株式会社又は合同会社に限る。）の変更登記申請の登録免許税は、増加した資本金の額（課税標準額）の1,000分の1.5（吸収合併により消滅した会社の当該吸収合併の直前における資本金の額として財務省令で定めるものを超える資本金の額に対応する部分については、1,000分の7（※）。これによって計算した税額が3万円に満たないときは、申請件数1件につき3万円）です（登録免許税法別表一第24号㈠ヘ）。

　　なお、存続会社が、合名会社又は合資会社の場合に加え、株式会社又は合同会社であるときでも吸収合併により資本金の額が増加しない場合の登録免許税は、登録免許税法別表一第24号㈠ツにより、金3万円となります（昭和58年11月29日民四第6780号回答）。そのため、吸収合併による存続会社の変更登記と同じ申請書において、同区分である商号変更や目的変更の登記をする場合、登録免許税はそれらの登記すべてにつきまとめて3万円ということになります。

（※）　登録免許税の税率が1,000分の7となる資本金の部分

　登録免許税の税率が、1,000分の7になる部分は、下記1の額に2の割合を乗じて計算した額（2以上の会社が吸収合併により消滅する場合にあっては、当該消滅する各会社の1の額に2号に掲げる割合を乗じて計算した額の合計額）です。

1　消滅会社の当該消滅の直前における資本金の額（消滅会社が合名会社又は合資会社である場合にあっては、900万円）

2　(1)の額から(2)の額を控除した額（当該控除した額が零を下回る場合にあっては、零）が(1)の額のうちに占める割合

(1)　消滅会社の当該消滅の直前における資産の額から負債の額を控除した額（当該控除

－153－

した額が上記1の額以下である場合にあっては、上記1の額)
(2) 存続会社である株式会社又は合同会社が当該吸収合併に際して消滅会社の株主又は社員に対して交付する財産(存続会社である株式会社の株式(当該株式会社が有していた自己株式を除く。)及び合同会社の持分を除く。)の価額

ウ 登記申請書

　　吸収合併による存続会社の変更登記申請書には、合併した旨並びに消滅会社の商号及び本店所在地(商業登記法79条)の他、(1)株式会社においては、①発行済株式の総数(種類株式発行会社においては、その種類及び種類ごとの数)、②資本金の額、③新株予約権に関する事項等、(2)持分会社においては、①加入した社員に関する事項(存続会社が、(a)合名会社の場合は社員の氏名又は名称及び住所、(b)合資会社の場合は社員の氏名又は名称及び住所、当該社員が無限責任社員又は有限責任社員のいずれであるかの別並びに当該有限責任社員の既に履行した出資の価額、(c)合同会社である場合は業務執行社員の氏名又は名称、代表社員の氏名又は名称及び住所等)、②合同会社においては、資本金の額等に変更が生じることがあり、その際は、それらの変更登記申請も併せて行う必要があります。

【存続会社の登記申請書例】

(株式会社)

合併による株式会社変更登記申請書

会社法人等番号	○○○○ - ０１ - ○○○○○○
フ リ ガ ナ	○○
商　　　　号	○○株式会社
本　　　店	○○県○○市○○町○○番地
登 記 の 事 由	吸収合併による変更

登記すべき事項	別紙のとおり	
登 録 免 許 税	金3万円	
添 付 書 類	吸収合併契約書	
	（送付）	1通
	公告及び催告をしたことを証する書面	
	（送付）	1通
	異議を述べた債権者はいない旨の上申	
	書（送付）	2通
	株主の氏名又は名称、住所及び議決権	
	数等を証する書面（株主リスト）（送付）	2通
	吸収合併存続会社の株主総会議事録（送	
	付）	1通
	吸収合併消滅会社の株主総会議事録（送	
	付）	1通
	委任状（送付）	1通
印鑑届出の有無	無	

上記のとおり登記の申請をする。

令和○年○月○日

<table>
<tr><td>　申　請　人</td><td>○○県○○市○○町○○番地</td></tr>
<tr><td></td><td>○○株式会社</td></tr>
<tr><td></td><td>（住所）</td></tr>
<tr><td></td><td>　　代表取締役　○○</td></tr>
<tr><td></td><td>（住所）</td></tr>
<tr><td></td><td>　　上記代理人　○○</td></tr>
<tr><td>登 記 所 コ ー ド</td><td>○○○○</td></tr>
<tr><td>宛 先 登 記 所</td><td>○○法務局　御　中</td></tr>
<tr><td>その他の申請書</td><td>連絡先の電話番号　　　　－　　　－</td></tr>
</table>

> 記載事項

> 別　紙（登 記 す べ き 事 項）
>
> 「吸収合併」令和○年○月○日○○県○○市○町○番地合名会社○○を合
> 併

　なお、吸収合併の効力発生と同時に資本金の額を増額させる場合の登記すべ
き事由（別紙）は次のようになります。

> 別　紙（登 記 す べ き 事 項）
>
> 「資本金の額」金○○○○万円
> 「原因年月日」令和○年○月○日変更
> 「吸収合併」令和○年○月○日○○県○○市○町○番地合名会社○○を合
> 併

（合名会社：持分を合併対価としたため、消滅会社の株主又は社員が存続会社
の社員として加入する場合）

> 別　紙（登 記 す べ き 事 項）
>
> 「社員に関する事項」
> 「資格」社員
> 「住所」○○県○○市…
> 「氏名」○○○○
> 「原因年月日」合併による加入
> 「吸収合併」令和○年○月○日○○県○○市○町○番地株式会社○○を合

併

（合資会社：持分を合併対価としたため、消滅会社の株主又は社員が存続会社
の社員として加入する場合）

別　紙（登 記 す べ き 事 項）

「社員に関する事項」
「資格」無限責任社員
「住所」○○県○○市…
「氏名」○○○○
「原因年月日」合併による加入
「社員に関する事項」
「資格」有限責任社員
「住所」○○県○○市…
「氏名」○○○○
「出資の価額」金○○万円　全部履行
「原因年月日」合併による加入
「吸収合併」令和○年○月○日○○県○○市○町○番地株式会社○○を合
併

（合同会社：持分を合併対価とし存続会社の社員として加入した消滅会社の株
主又は社員が業務執行社員となる場合）

別　紙（登 記 す べ き 事 項）

「社員に関する事項」
「資格」業務執行社員○○
「氏名」○○○○
「原因年月日」合併による加入

> 「吸収合併」令和○年○月○日○○県○○市○町○番地株式会社○○を合併

(3)　消滅会社における解散登記申請

ア　添付書類

添付書類は、申請代理人に対する委任状を含め、一切要しません（商業登記法82条4項）。

イ　登録免許税

申請1件につき、3万円です（登録免許税法別表第一第24号㈠レ）。

ウ　登記申請書

吸収合併による消滅会社の解散登記申請書には、解散の旨及びその事由及び年月日を記載します（商業登記法71条1項）。

なお、この解散の登記は、存続会社の代表者が消滅会社を代表して申請します（商業登記法82条1項）。

【消滅会社の登記申請書例】

株式会社合併による解散登記申請書

会社法人等番号	□□□□ - 0 1 - □□□□□□
フ　リ　ガ　ナ	□□
商　　　号	株式会社□□
本　　　店	□□県□□市□□町□□番地
登 記 の 事 由	吸収合併による解散
登記すべき事項	別紙のとおり
登 録 免 許 税	金3万円
添 付 書 類	（※）委任状を含む何らの書面の添付をしません。

印鑑届出の有無　　　　　無

上記のとおり登記の申請をする。

令和○年○月○日

　　申　請　人　　　　　○○県○○市○○町○○番地

　　　　　　　　　　　　存続会社　○○株式会社　　（※1）

　　　　　　　　　　　　（住所）

　　　　　　　　　　　　代表取締役　○○　　（※1）

　　　　　　　　　　　　（住所）

　　　　　　　　　　　　上記代理人　○○

　　登記所コード　　　　○○○○

　　宛先登記所　　　　　□□法務局　御　中　　（※2）

　　その他の申請書　　　連絡先の電話番号　　　　　－　　　　　－

　　　　記載事項

※1　消滅会社の解散についての登記申請書ですが、消滅会社は既に解散し、消滅しているため、その権利義務を承継した存続会社と存続会社の代表者を記載します。

※2　登記申請書は、存続会社の本店所在地を管轄する法務局に提出しますが、解散の旨が登記される消滅会社の本店所在地を管轄する法務局を記載します。

別　紙（登記すべき事項）

「吸収合併」令和○年○月○日○○県○○市○町○番地○○株式会社に合併し解散

⑷　**登記記録の記載**

　　　吸収合併による存続会社の変更登記及び消滅会社の解散登記の申請により、登記記録には次のような記録がなされます。

　　　なお、数社合併の場合でも個別の合併ごと（1社の消滅会社と存続会社

（1社）ごと）に登記されます（平成20年6月25日民商第1774号民事局商事課長通知）。

【登記記録記載例】

（存続会社）

吸収合併	令和○年○月○日△△県△△市△△町△丁目△番△号株式会社△△を合併 　　　　　　　　　　　　　　令和○年○月○日登記

（消滅会社）

登記記録に関する事項	設立 　　　　　　　　　　　　　　平成○年○月○日登記
	令和○年○月○日□□県□□市□町□□番地株式会社□□に合併し解散 　　　　　　　　　　　　　　令和○年○月○日登記 　　　　　　　　　　　　　　令和○年○月○日閉鎖

15　事後開示

(1)　事後開示事項と備置期間

　　株式会社である存続会社は、効力発生日後遅滞なく、吸収合併により存続会社が承継した消滅会社の権利義務その他の吸収合併に関する事項として会社法施行規則200条で定める次の事項を記載し、又は記録した書面又は電磁的記録を作成し（会社法801条1項）、効力発生日から6か月間、それらを本店に備え置かなければなりません（会社法801条3項1号）。

　ア　吸収合併が効力を生じた日（会社法施行規則200条1号）

　イ　吸収合併消滅会社における次の事項

　　①　吸収合併の差止請求（会社法784条の2）に係る手続の経過（会社法施行規則200条2号イ）

　　②　反対株主の株式買取手続（会社法785条）及び新株予約権買取手続

（同法787条）並びに債権者保護手続（同法789条（同法793条2項において準用する場合を含む。）の経過（会社法施行規則200条2号ロ）

ウ　吸収合併存続株式会社における次に掲げる事項

①　吸収合併の差止請求（会社法796条の2）に係る手続の経過（会社法施行規則200条3号イ）

②　反対株主の株式買取手続（会社法797条）及び債権者保護手続（同法799条）の経過（会社法施行規則200条3号ロ）

エ　吸収合併により吸収合併存続株式会社が吸収合併消滅会社から承継した重要な権利義務に関する事項（会社法施行規則200条4号）

オ　事前開示手続（会社法782条1項）により消滅会社が備え置いた書面又は電磁的記録に記載又は記録がされた事項（吸収合併契約の内容を除く。）（会社法施行規則200条5号）

カ　吸収合併による変更登記（会社法921条）をした日（会社法施行規則200条6号）

キ　アからカのほか、吸収合併に関する重要な事項（会社法施行規則200条7号）

消滅会社は、効力発生日に消滅するため、消滅会社についてはこの事後開示手続は行われません。また、事前開示手続と同様に、持分会社である存続会社においては、会社法上、この事後開示手続は要求されていません。

(2)　閲覧等の手続

存続会社の株主及び債権者（債権者保護手続において異議を述べていない債権者を含む。）は、存続会社に対して、その営業時間内は、いつでも、次の請求をすることができます。ただし、イ又はエの請求をするには、当該存続会社の定めた費用を支払わなければなりません。

ア　事後開示した書面の閲覧の請求（会社法801条4項1号）

イ　事後開示した書面の謄本又は抄本の交付の請求（会社法801条4項2号）

ウ　事後開示した電磁的記録に記録された事項を法務省令で定める方法に

より表示したものの閲覧の請求（会社法801条4項3号）

エ　事後開示した電磁的記録に記録された事項を電磁的方法であって吸収合併存続株式会社の定めたものにより提供することの請求又はその事項を記載した書面の交付の請求（会社法801条4項4号）

最後に

　商業登記や企業法務の場面においては、条文や規則の精読が不可欠だと思います。吸収合併においては、一つ一つの手続はそれほど難しくありませんが、手続の瑕疵を生じさせないためにも、各手続について条文や規則をきちんと読み込み、理解した上でアウトプットすることがとても重要となります。そのため、本書においては、吸収合併の手続に関係する条文と規則をできるだけ多く掲載するように心がけました。

　本書が、中小企業間における吸収合併の実務について、少しでも理解のお役に立つことができましたら幸いです。

〈**参考文献リスト**〉

相澤哲・郡谷大輔・葉玉匡美『論点解説 新・会社法—千問の道標』（商事法務、2006年）

青山修『商業登記申請MEMO—持分会社編—』（補訂版、新日本法規、2015年）

青山修『持分会社の登記実務—合名・合資・合同会社の設立から清算結了まで—』（補訂版、民事法研究会、2017年）

江頭憲治郎『株式会社法』（第8版、有斐閣、2021年）

金子登志雄『親子兄弟会社の組織再編の実務』（第3版、中央経済社、2022年）

神﨑満治郎編集代表、金子登志雄著『商業登記全書第7巻 組織再編の手続－法務企画から登記まで』（第2版、中央経済社、2016年）

神﨑満治郎・金子登志雄・鈴木龍介『商業・法人登記360問』（テイハン、2018年）

玉井裕子編集代表、滝川佳代・大久保圭編集担当、岩崎友彦・宰田高志・杉野由和・高井伸太郎・服部薫著『合併ハンドブック』（第4版、商事法務、2019年）

登記研究編集室編『商業登記書式精義（上・下）』（全訂第6版、テイハン、2019年）

前田庸『会社法入門』（第13版、有斐閣、2018年）

松井信憲『商業登記ハンドブック』（第4版、商事法務、2021年）

弥永真生『コンメンタール会社法施行規則・電子公告規則』（第3版、商事法務、2021年）

巻 末 資 料

資料1 会社法（抄）

（平 成 17 年
法律第86号）

第5編 組織変更、合併、会社分割、株式交換、株式移転及び株式交付

第2章 合 併

第1節 通 則

（合併契約の締結）

第748条 会社は、他の会社と合併をすることができる。この場合においては、合併をする会社は、合併契約を締結しなければならない。

第2節 吸収合併

第1款 株式会社が存続する吸収合併

（株式会社が存続する吸収合併契約）

第749条 会社が吸収合併をする場合において、吸収合併後存続する会社（以下この編において「吸収合併存続会社」という。）が株式会社であるときは、吸収合併契約において、次に掲げる事項を定めなければならない。

一 株式会社である吸収合併存続会社（以下この編において「吸収合併存続株式会社」という。）及び吸収合併により消滅する会社（以下この編において「吸収合併消滅会社」という。）の商号及び住所

二 吸収合併存続株式会社が吸収合併に際して株式会社である吸収合併消滅会社（以下この編において「吸収合併消滅株式会社」という。）の株主又は持分会社である吸収合併消滅会社（以下この編において「吸収合併消滅持分会社」という。）の社員に対してその株式又は持分に代わる金銭等を交付するときは、当該金銭等についての次に掲げる事項

　　イ　当該金銭等が吸収合併存続株式会社の株式であるときは、当該株式の
　　　数（種類株式発行会社にあっては、株式の種類及び種類ごとの数）又は
　　　その数の算定方法並びに当該吸収合併存続株式会社の資本金及び準備金
　　　の額に関する事項

　　ロ　当該金銭等が吸収合併存続株式会社の社債（新株予約権付社債につい
　　　てのものを除く。）であるときは、当該社債の種類及び種類ごとの各社
　　　債の金額の合計額又はその算定方法

　　ハ　当該金銭等が吸収合併存続株式会社の新株予約権（新株予約権付社債
　　　に付されたものを除く。）であるときは、当該新株予約権の内容及び数
　　　又はその算定方法

　　ニ　当該金銭等が吸収合併存続株式会社の新株予約権付社債であるときは、
　　　当該新株予約権付社債についてのロに規定する事項及び当該新株予約権
　　　付社債に付された新株予約権についてのハに規定する事項

　　ホ　当該金銭等が吸収合併存続株式会社の株式等以外の財産であるときは、
　　　当該財産の内容及び数若しくは額又はこれらの算定方法

三　前号に規定する場合には、吸収合併消滅株式会社の株主（吸収合併消滅
　株式会社及び吸収合併存続株式会社を除く。）又は吸収合併消滅持分会社
　の社員（吸収合併存続株式会社を除く。）に対する同号の金銭等の割当て
　に関する事項

四　吸収合併消滅株式会社が新株予約権を発行しているときは、吸収合併存
　続株式会社が吸収合併に際して当該新株予約権の新株予約権者に対して交
　付する当該新株予約権に代わる当該吸収合併存続株式会社の新株予約権又
　は金銭についての次に掲げる事項

　　イ　当該吸収合併消滅株式会社の新株予約権の新株予約権者に対して吸収
　　　合併存続株式会社の新株予約権を交付するときは、当該新株予約権の内
　　　容及び数又はその算定方法

　　ロ　イに規定する場合において、イの吸収合併消滅株式会社の新株予約権
　　　が新株予約権付社債に付された新株予約権であるときは、吸収合併存続

株式会社が当該新株予約権付社債についての社債に係る債務を承継する
旨並びにその承継に係る社債の種類及び種類ごとの各社債の金額の合計
額又はその算定方法

　ハ　当該吸収合併消滅株式会社の新株予約権の新株予約権者に対して金銭
を交付するときは、当該金銭の額又はその算定方法

　五　前号に規定する場合には、吸収合併消滅株式会社の新株予約権の新株予
約権者に対する同号の吸収合併存続株式会社の新株予約権又は金銭の割当
てに関する事項

　六　吸収合併がその効力を生ずる日（以下この節において「効力発生日」と
いう。）

2　前項に規定する場合において、吸収合併消滅株式会社が種類株式発行会社
であるときは、吸収合併存続株式会社及び吸収合併消滅株式会社は、吸収合
併消滅株式会社の発行する種類の株式の内容に応じ、同項第三号に掲げる事
項として次に掲げる事項を定めることができる。

　一　ある種類の株式の株主に対して金銭等の割当てをしないこととするとき
は、その旨及び当該株式の種類

　二　前号に掲げる事項のほか、金銭等の割当てについて株式の種類ごとに異
なる取扱いを行うこととするときは、その旨及び当該異なる取扱いの内容

3　第1項に規定する場合には、同項第三号に掲げる事項についての定めは、
吸収合併消滅株式会社の株主（吸収合併消滅株式会社及び吸収合併存続株式
会社並びに前項第一号の種類の株式の株主を除く。）の有する株式の数（前
項第二号に掲げる事項についての定めがある場合にあっては、各種類の株式
の数）に応じて金銭等を交付することを内容とするものでなければならない。

（株式会社が存続する吸収合併の効力の発生等）

第750条　吸収合併存続株式会社は、効力発生日に、吸収合併消滅会社の権利
義務を承継する。

2　吸収合併消滅会社の吸収合併による解散は、吸収合併の登記の後でなけれ
ば、これをもって第三者に対抗することができない。

3　次の各号に掲げる場合には、吸収合併消滅株式会社の株主又は吸収合併消滅持分会社の社員は、効力発生日に、前条第1項第三号に掲げる事項についての定めに従い、当該各号に定める者となる。

一　前条第1項第二号イに掲げる事項についての定めがある場合　同号イの株式の株主

二　前条第1項第二号ロに掲げる事項についての定めがある場合　同号ロの社債の社債権者

三　前条第1項第二号ハに掲げる事項についての定めがある場合　同号ハの新株予約権の新株予約権者

四　前条第1項第二号ニに掲げる事項についての定めがある場合　同号ニの新株予約権付社債についての社債の社債権者及び当該新株予約権付社債に付された新株予約権の新株予約権者

4　吸収合併消滅株式会社の新株予約権は、効力発生日に、消滅する。

5　前条第1項第四号イに規定する場合には、吸収合併消滅株式会社の新株予約権の新株予約権者は、効力発生日に、同項第五号に掲げる事項についての定めに従い、同項第四号イの吸収合併存続株式会社の新株予約権の新株予約権者となる。

6　前各項の規定は、第789条（第1項第三号及び第2項第三号を除き、第793条第2項において準用する場合を含む。）若しくは第799条の規定による手続が終了していない場合又は吸収合併を中止した場合には、適用しない。

第2款　持分会社が存続する吸収合併

（持分会社が存続する吸収合併契約）

第751条　会社が吸収合併をする場合において、吸収合併存続会社が持分会社であるときは、吸収合併契約において、次に掲げる事項を定めなければならない。

一　持分会社である吸収合併存続会社（以下この節において「吸収合併存続持分会社」という。）及び吸収合併消滅会社の商号及び住所

二　吸収合併消滅株式会社の株主又は吸収合併消滅持分会社の社員が吸収合

併に際して吸収合併存続持分会社の社員となるときは、次のイからハまでに掲げる吸収合併存続持分会社の区分に応じ、当該イからハまでに定める事項

　イ　合名会社　当該社員の氏名又は名称及び住所並びに出資の価額

　ロ　合資会社　当該社員の氏名又は名称及び住所、当該社員が無限責任社員又は有限責任社員のいずれであるかの別並びに当該社員の出資の価額

　ハ　合同会社　当該社員の氏名又は名称及び住所並びに出資の価額

三　吸収合併存続持分会社が吸収合併に際して吸収合併消滅株式会社の株主又は吸収合併消滅持分会社の社員に対してその株式又は持分に代わる金銭等（吸収合併存続持分会社の持分を除く。）を交付するときは、当該金銭等についての次に掲げる事項

　イ　当該金銭等が吸収合併存続持分会社の社債であるときは、当該社債の種類及び種類ごとの各社債の金額の合計額又はその算定方法

　ロ　当該金銭等が吸収合併存続持分会社の社債以外の財産であるときは、当該財産の内容及び数若しくは額又はこれらの算定方法

四　前号に規定する場合には、吸収合併消滅株式会社の株主（吸収合併消滅株式会社及び吸収合併存続持分会社を除く。）又は吸収合併消滅持分会社の社員（吸収合併存続持分会社を除く。）に対する同号の金銭等の割当てに関する事項

五　吸収合併消滅株式会社が新株予約権を発行しているときは、吸収合併存続持分会社が吸収合併に際して当該新株予約権の新株予約権者に対して交付する当該新株予約権に代わる金銭の額又はその算定方法

六　前号に規定する場合には、吸収合併消滅株式会社の新株予約権の新株予約権者に対する同号の金銭の割当てに関する事項

七　効力発生日

2　前項に規定する場合において、吸収合併消滅株式会社が種類株式発行会社であるときは、吸収合併存続持分会社及び吸収合併消滅株式会社は、吸収合併消滅株式会社の発行する種類の株式の内容に応じ、同項第四号に掲げる事

項として次に掲げる事項を定めることができる。

一　ある種類の株式の株主に対して金銭等の割当てをしないこととするときは、その旨及び当該株式の種類

二　前号に掲げる事項のほか、金銭等の割当てについて株式の種類ごとに異なる取扱いを行うこととするときは、その旨及び当該異なる取扱いの内容

3　第1項に規定する場合には、同項第四号に掲げる事項についての定めは、吸収合併消滅株式会社の株主（吸収合併消滅株式会社及び吸収合併存続持分会社並びに前項第一号の種類の株式の株主を除く。）の有する株式の数（前項第二号に掲げる事項についての定めがある場合にあっては、各種類の株式の数）に応じて金銭等を交付することを内容とするものでなければならない。

（持分会社が存続する吸収合併の効力の発生等）

第752条　吸収合併存続持分会社は、効力発生日に、吸収合併消滅会社の権利義務を承継する。

2　吸収合併消滅会社の吸収合併による解散は、吸収合併の登記の後でなければ、これをもって第三者に対抗することができない。

3　前条第1項第二号に規定する場合には、吸収合併消滅株式会社の株主又は吸収合併消滅持分会社の社員は、効力発生日に、同号に掲げる事項についての定めに従い、吸収合併存続持分会社の社員となる。この場合においては、吸収合併存続持分会社は、効力発生日に、同号の社員に係る定款の変更をしたものとみなす。

4　前条第1項第三号イに掲げる事項についての定めがある場合には、吸収合併消滅株式会社の株主又は吸収合併消滅持分会社の社員は、効力発生日に、同項第四号に掲げる事項についての定めに従い、同項第三号イの社債の社債権者となる。

5　吸収合併消滅株式会社の新株予約権は、効力発生日に、消滅する。

6　前各項の規定は、第789条（第1項第三号及び第2項第三号を除き、第793条第2項において準用する場合を含む。）若しくは第802条第2項において準用する第799条（第2項第三号を除く。）の規定による手続が終了していない

場合又は吸収合併を中止した場合には、適用しない。

第5章 組織変更、合併、会社分割、株式交換、株式移転及び株式交付の手続

第2節 吸収合併等の手続

第1款 吸収合併消滅会社、吸収分割会社及び株式交換完全子会社の手続

第1目 株式会社の手続

（吸収合併契約等に関する書面等の備置き及び閲覧等）

第782条 次の各号に掲げる株式会社（以下この目において「消滅株式会社等」という。）は、吸収合併契約等備置開始日から吸収合併、吸収分割又は株式交換（以下この節において「吸収合併等」という。）がその効力を生ずる日（以下この節において「効力発生日」という。）後6箇月を経過する日（吸収合併消滅株式会社にあっては、効力発生日）までの間、当該各号に定めるもの（以下この節において「吸収合併契約等」という。）の内容その他法務省令で定める事項を記載し、又は記録した書面又は電磁的記録をその本店に備え置かなければならない。

　一　吸収合併消滅株式会社　吸収合併契約

　二　吸収分割株式会社　吸収分割契約

　三　株式交換完全子会社　株式交換契約

2　前項に規定する「吸収合併契約等備置開始日」とは、次に掲げる日のいずれか早い日をいう。

　一　吸収合併契約等について株主総会（種類株主総会を含む。）の決議によってその承認を受けなければならないときは、当該株主総会の日の2週間前の日（第319条第1項の場合にあっては、同項の提案があった日）

　二　第785条第3項の規定による通知を受けるべき株主があるときは、同項の規定による通知の日又は同条第4項の公告の日のいずれか早い日

三　第787条第３項の規定による通知を受けるべき新株予約権者があるとき
　　は、同項の規定による通知の日又は同条第４項の公告の日のいずれか早い
　　日

四　第789条の規定による手続をしなければならないときは、同条第２項の
　　規定による公告の日又は同項の規定による催告の日のいずれか早い日

五　前各号に規定する場合以外の場合には、吸収分割契約又は株式交換契約
　　の締結の日から２週間を経過した日

3　消滅株式会社等の株主及び債権者（株式交換完全子会社にあっては、株主
　及び新株予約権者）は、消滅株式会社等に対して、その営業時間内は、いつ
　でも、次に掲げる請求をすることができる。ただし、第二号又は第四号に掲
　げる請求をするには、当該消滅株式会社等の定めた費用を支払わなければな
　らない。

一　第１項の書面の閲覧の請求

二　第１項の書面の謄本又は抄本の交付の請求

三　第１項の電磁的記録に記録された事項を法務省令で定める方法により表
　　示したものの閲覧の請求

四　第１項の電磁的記録に記録された事項を電磁的方法であって消滅株式会
　　社等の定めたものにより提供することの請求又はその事項を記載した書面
　　の交付の請求

（吸収合併契約等の承認等）

第783条　消滅株式会社等は、効力発生日の前日までに、株主総会の決議によ
　って、吸収合併契約等の承認を受けなければならない。

2　前項の規定にかかわらず、吸収合併消滅株式会社又は株式交換完全子会社
　が種類株式発行会社でない場合において、吸収合併消滅株式会社又は株式交
　換完全子会社の株主に対して交付する金銭等（以下この条及び次条第１項に
　おいて「合併対価等」という。）の全部又は一部が持分等（持分会社の持分
　その他これに準ずるものとして法務省令で定めるものをいう。以下この条に
　おいて同じ。）であるときは、吸収合併契約又は株式交換契約について吸収

合併消滅株式会社又は株式交換完全子会社の総株主の同意を得なければならない。

3　吸収合併消滅株式会社又は株式交換完全子会社が種類株式発行会社である場合において、合併対価等の全部又は一部が譲渡制限株式等（譲渡制限株式その他これに準ずるものとして法務省令で定めるものをいう。以下この章において同じ。）であるときは、吸収合併又は株式交換は、当該譲渡制限株式等の割当てを受ける種類の株式（譲渡制限株式を除く。）の種類株主を構成員とする種類株主総会（当該種類株主に係る株式の種類が2以上ある場合にあっては、当該2以上の株式の種類別に区分された種類株主を構成員とする各種類株主総会）の決議がなければ、その効力を生じない。ただし、当該種類株主総会において議決権を行使することができる株主が存しない場合は、この限りでない。

4　吸収合併消滅株式会社又は株式交換完全子会社が種類株式発行会社である場合において、合併対価等の全部又は一部が持分等であるときは、吸収合併又は株式交換は、当該持分等の割当てを受ける種類の株主の全員の同意がなければ、その効力を生じない。

5　消滅株式会社等は、効力発生日の20日前までに、その登録株式質権者（次条第2項に規定する場合における登録株式質権者を除く。）及び第787条第3項各号に定める新株予約権の登録新株予約権質権者に対し、吸収合併等をする旨を通知しなければならない。

6　前項の規定による通知は、公告をもってこれに代えることができる。

（吸収合併契約等の承認を要しない場合）

第784条　前条第1項の規定は、吸収合併存続会社、吸収分割承継会社又は株式交換完全親会社（以下この目において「存続会社等」という。）が消滅株式会社等の特別支配会社である場合には、適用しない。ただし、吸収合併又は株式交換における合併対価等の全部又は一部が譲渡制限株式等である場合であって、消滅株式会社等が公開会社であり、かつ、種類株式発行会社でないときは、この限りでない。

2　前条の規定は、吸収分割により吸収分割承継会社に承継させる資産の帳簿
　価額の合計額が吸収分割株式会社の総資産額として法務省令で定める方法に
　より算定される額の5分の1（これを下回る割合を吸収分割株式会社の定款
　で定めた場合にあっては、その割合）を超えない場合には、適用しない。

（吸収合併等をやめることの請求）

第784条の2　次に掲げる場合において、消滅株式会社等の株主が不利益を受
　けるおそれがあるときは、消滅株式会社等の株主は、消滅株式会社等に対し、
　吸収合併等をやめることを請求することができる。ただし、前条第2項に規
　定する場合は、この限りでない。

　一　当該吸収合併等が法令又は定款に違反する場合

　二　前条第1項本文に規定する場合において、第749条第1項第二号若しく
　　は第三号、第751条第1項第三号若しくは第四号、第758条第四号、第760
　　条第四号若しくは第五号、第768条第1項第二号若しくは第三号又は第770
　　条第1項第三号若しくは第四号に掲げる事項が消滅株式会社等又は存続会
　　社等の財産の状況その他の事情に照らして著しく不当であるとき。

（反対株主の株式買取請求）

第785条　吸収合併等をする場合（次に掲げる場合を除く。）には、反対株主は、
　消滅株式会社等に対し、自己の有する株式を公正な価格で買い取ることを請
　求することができる。

　一　第783条第2項に規定する場合

　二　第784条第2項に規定する場合

2　前項に規定する「反対株主」とは、次の各号に掲げる場合における当該各
　号に定める株主（第783条第4項に規定する場合における同項に規定する持
　分等の割当てを受ける株主を除く。）をいう。

　一　吸収合併等をするために株主総会（種類株主総会を含む。）の決議を要
　　する場合　次に掲げる株主

　　イ　当該株主総会に先立って当該吸収合併等に反対する旨を当該消滅株式
　　　会社等に対し通知し、かつ、当該株主総会において当該吸収合併等に反

対した株主（当該株主総会において議決権を行使することができるもの
に限る。）

ロ　当該株主総会において議決権を行使することができない株主

二　前号に規定する場合以外の場合　全ての株主（第784条第1項本文に規
定する場合における当該特別支配会社を除く。）

3　消滅株式会社等は、効力発生日の20日前までに、その株主（第783条第4
項に規定する場合における同項に規定する持分等の割当てを受ける株主及び
第784条第1項本文に規定する場合における当該特別支配会社を除く。）に対
し、吸収合併等をする旨並びに存続会社等の商号及び住所を通知しなければ
ならない。ただし、第1項各号に掲げる場合は、この限りでない。

4　次に掲げる場合には、前項の規定による通知は、公告をもってこれに代え
ることができる。

一　消滅株式会社等が公開会社である場合

二　消滅株式会社等が第783条第1項の株主総会の決議によって吸収合併契
約等の承認を受けた場合

5　第1項の規定による請求（以下この目において「株式買取請求」という。）
は、効力発生日の20日前の日から効力発生日の前日までの間に、その株式買
取請求に係る株式の数（種類株式発行会社にあっては、株式の種類及び種類
ごとの数）を明らかにしてしなければならない。

6　株券が発行されている株式について株式買取請求をしようとするときは、
当該株式の株主は、消滅株式会社等に対し、当該株式に係る株券を提出しな
ければならない。ただし、当該株券について第223条の規定による請求をし
た者については、この限りでない。

7　株式買取請求をした株主は、消滅株式会社等の承諾を得た場合に限り、そ
の株式買取請求を撤回することができる。

8　吸収合併等を中止したときは、株式買取請求は、その効力を失う。

9　第133条の規定は、株式買取請求に係る株式については、適用しない。

（株式の価格の決定等）

第786条　株式買取請求があった場合において、株式の価格の決定について、株主と消滅株式会社等（吸収合併をする場合における効力発生日後にあっては、吸収合併存続会社。以下この条において同じ。）との間に協議が調ったときは、消滅株式会社等は、効力発生日から60日以内にその支払をしなければならない。

2　株式の価格の決定について、効力発生日から30日以内に協議が調わないときは、株主又は消滅株式会社等は、その期間の満了の日後30日以内に、裁判所に対し、価格の決定の申立てをすることができる。

3　前条第7項の規定にかかわらず、前項に規定する場合において、効力発生日から60日以内に同項の申立てがないときは、その期間の満了後は、株主は、いつでも、株式買取請求を撤回することができる。

4　消滅株式会社等は、裁判所の決定した価格に対する第1項の期間の満了の日後の法定利率による利息をも支払わなければならない。

5　消滅株式会社等は、株式の価格の決定があるまでは、株主に対し、当該消滅株式会社等が公正な価格と認める額を支払うことができる。

6　株式買取請求に係る株式の買取りは、効力発生日に、その効力を生ずる。

7　株券発行会社は、株券が発行されている株式について株式買取請求があったときは、株券と引換えに、その株式買取請求に係る株式の代金を支払わなければならない。

（新株予約権買取請求）

第787条　次の各号に掲げる行為をする場合には、当該各号に定める消滅株式会社等の新株予約権の新株予約権者は、消滅株式会社等に対し、自己の有する新株予約権を公正な価格で買い取ることを請求することができる。

一　吸収合併　第749条第1項第四号又は第五号に掲げる事項についての定めが第236条第1項第八号の条件（同号イに関するものに限る。）に合致する新株予約権以外の新株予約権

二　吸収分割（吸収分割承継会社が株式会社である場合に限る。）　次に掲げる新株予約権のうち、第758条第五号又は第六号に掲げる事項について

の定めが第236条第1項第八号の条件（同号ロに関するものに限る。）に合致する新株予約権以外の新株予約権

　　イ　吸収分割契約新株予約権

　　ロ　吸収分割契約新株予約権以外の新株予約権であって、吸収分割をする場合において当該新株予約権の新株予約権者に吸収分割承継株式会社の新株予約権を交付することとする旨の定めがあるもの

　三　株式交換（株式交換完全親会社が株式会社である場合に限る。）　次に掲げる新株予約権のうち、第768条第1項第四号又は第五号に掲げる事項についての定めが第236条第1項第八号の条件（同号ニに関するものに限る。）に合致する新株予約権以外の新株予約権

　　イ　株式交換契約新株予約権

　　ロ　株式交換契約新株予約権以外の新株予約権であって、株式交換をする場合において当該新株予約権の新株予約権者に株式交換完全親株式会社の新株予約権を交付することとする旨の定めがあるもの

2　新株予約権付社債に付された新株予約権の新株予約権者は、前項の規定による請求（以下この目において「新株予約権買取請求」という。）をするときは、併せて、新株予約権付社債についての社債を買い取ることを請求しなければならない。ただし、当該新株予約権付社債に付された新株予約権について別段の定めがある場合は、この限りでない。

3　次の各号に掲げる消滅株式会社等は、効力発生日の20日前までに、当該各号に定める新株予約権の新株予約権者に対し、吸収合併等をする旨並びに存続会社等の商号及び住所を通知しなければならない。

　一　吸収合併消滅株式会社　全部の新株予約権

　二　吸収分割承継会社が株式会社である場合における吸収分割株式会社　次に掲げる新株予約権

　　イ　吸収分割契約新株予約権

　　ロ　吸収分割契約新株予約権以外の新株予約権であって、吸収分割をする場合において当該新株予約権の新株予約権者に吸収分割承継株式会社の

　　　新株予約権を交付することとする旨の定めがあるもの

　三　株式交換完全親会社が株式会社である場合における株式交換完全子会社
　　次に掲げる新株予約権

　　イ　株式交換契約新株予約権

　　ロ　株式交換契約新株予約権以外の新株予約権であって、株式交換をする
　　　場合において当該新株予約権の新株予約権者に株式交換完全親株式会社
　　　の新株予約権を交付することとする旨の定めがあるもの

4　前項の規定による通知は、公告をもってこれに代えることができる。

5　新株予約権買取請求は、効力発生日の20日前の日から効力発生日の前日ま
　での間に、その新株予約権買取請求に係る新株予約権の内容及び数を明らか
　にしてしなければならない。

6　新株予約権証券が発行されている新株予約権について新株予約権買取請求
　をしようとするときは、当該新株予約権の新株予約権者は、消滅株式会社等
　に対し、その新株予約権証券を提出しなければならない。ただし、当該新株
　予約権証券について非訟事件手続法第114条に規定する公示催告の申立てを
　した者については、この限りでない。

7　新株予約権付社債券が発行されている新株予約権付社債に付された新株予
　約権について新株予約権買取請求をしようとするときは、当該新株予約権の
　新株予約権者は、消滅株式会社等に対し、その新株予約権付社債券を提出し
　なければならない。ただし、当該新株予約権付社債券について非訟事件手続
　法第114条に規定する公示催告の申立てをした者については、この限りでな
　い。

8　新株予約権買取請求をした新株予約権者は、消滅株式会社等の承諾を得た
　場合に限り、その新株予約権買取請求を撤回することができる。

9　吸収合併等を中止したときは、新株予約権買取請求は、その効力を失う。

10　第260条の規定は、新株予約権買取請求に係る新株予約権については、適
　用しない。

（新株予約権の価格の決定等）

第788条　新株予約権買取請求があった場合において、新株予約権（当該新株予約権が新株予約権付社債に付されたものである場合において、当該新株予約権付社債についての社債の買取りの請求があったときは、当該社債を含む。以下この条において同じ。）の価格の決定について、新株予約権者と消滅株式会社等（吸収合併をする場合における効力発生日後にあっては、吸収合併存続会社。以下この条において同じ。）との間に協議が調ったときは、消滅株式会社等は、効力発生日から60日以内にその支払をしなければならない。

2　新株予約権の価格の決定について、効力発生日から30日以内に協議が調わないときは、新株予約権者又は消滅株式会社等は、その期間の満了の日後30日以内に、裁判所に対し、価格の決定の申立てをすることができる。

3　前条第8項の規定にかかわらず、前項に規定する場合において、効力発生日から60日以内に同項の申立てがないときは、その期間の満了後は、新株予約権者は、いつでも、新株予約権買取請求を撤回することができる。

4　消滅株式会社等は、裁判所の決定した価格に対する第1項の期間の満了の日後の法定利率による利息をも支払わなければならない。

5　消滅株式会社等は、新株予約権の価格の決定があるまでは、新株予約権者に対し、当該消滅株式会社等が公正な価格と認める額を支払うことができる。

6　新株予約権買取請求に係る新株予約権の買取りは、効力発生日に、その効力を生ずる。

7　消滅株式会社等は、新株予約権証券が発行されている新株予約権について新株予約権買取請求があったときは、新株予約権証券と引換えに、その新株予約権買取請求に係る新株予約権の代金を支払わなければならない。

8　消滅株式会社等は、新株予約権付社債券が発行されている新株予約権付社債に付された新株予約権について新株予約権買取請求があったときは、新株予約権付社債券と引換えに、その新株予約権買取請求に係る新株予約権の代金を支払わなければならない。

（債権者の異議）

第789条　次の各号に掲げる場合には、当該各号に定める債権者は、消滅株式

会社等に対し、吸収合併等について異議を述べることができる。

一　吸収合併をする場合　吸収合併消滅株式会社の債権者

二　吸収分割をする場合　吸収分割後吸収分割株式会社に対して債務の履行（当該債務の保証人として吸収分割承継会社と連帯して負担する保証債務の履行を含む。）を請求することができない吸収分割株式会社の債権者（第758条第八号又は第760条第七号に掲げる事項についての定めがある場合にあっては、吸収分割株式会社の債権者）

三　株式交換契約新株予約権が新株予約権付社債に付された新株予約権である場合　当該新株予約権付社債についての社債権者

2　前項の規定により消滅株式会社等の債権者の全部又は一部が異議を述べることができる場合には、消滅株式会社等は、次に掲げる事項を官報に公告し、かつ、知れている債権者（同項の規定により異議を述べることができるものに限る。）には、各別にこれを催告しなければならない。ただし、第四号の期間は、1箇月を下ることができない。

一　吸収合併等をする旨

二　存続会社等の商号及び住所

三　消滅株式会社等及び存続会社等（株式会社に限る。）の計算書類に関する事項として法務省令で定めるもの

四　債権者が一定の期間内に異議を述べることができる旨

3　前項の規定にかかわらず、消滅株式会社等が同項の規定による公告を、官報のほか、第939条第1項の規定による定款の定めに従い、同項第二号又は第三号に掲げる公告方法によりするときは、前項の規定による各別の催告（吸収分割をする場合における不法行為によって生じた吸収分割株式会社の債務の債権者に対するものを除く。）は、することを要しない。

4　債権者が第2項第四号の期間内に異議を述べなかったときは、当該債権者は、当該吸収合併等について承認をしたものとみなす。

5　債権者が第2項第四号の期間内に異議を述べたときは、消滅株式会社等は、当該債権者に対し、弁済し、若しくは相当の担保を提供し、又は当該債権者

に弁済を受けさせることを目的として信託会社等に相当の財産を信託しなければならない。ただし、当該吸収合併等をしても当該債権者を害するおそれがないときは、この限りでない。

（吸収合併等の効力発生日の変更）

第790条 消滅株式会社等は、存続会社等との合意により、効力発生日を変更することができる。

2 前項の場合には、消滅株式会社等は、変更前の効力発生日（変更後の効力発生日が変更前の効力発生日前の日である場合にあっては、当該変更後の効力発生日）の前日までに、変更後の効力発生日を公告しなければならない。

3 第1項の規定により効力発生日を変更したときは、変更後の効力発生日を効力発生日とみなして、この節並びに第750条、第752条、第759条、第761条、第769条及び第771条の規定を適用する。

（吸収分割又は株式交換に関する書面等の備置き及び閲覧等）

第791条 吸収分割株式会社又は株式交換完全子会社は、効力発生日後遅滞なく、吸収分割承継会社又は株式交換完全親会社と共同して、次の各号に掲げる区分に応じ、当該各号に定めるものを作成しなければならない。

　一　吸収分割株式会社　吸収分割により吸収分割承継会社が承継した吸収分割株式会社の権利義務その他の吸収分割に関する事項として法務省令で定める事項を記載し、又は記録した書面又は電磁的記録

　二　株式交換完全子会社　株式交換により株式交換完全親会社が取得した株式交換完全子会社の株式の数その他の株式交換に関する事項として法務省令で定める事項を記載し、又は記録した書面又は電磁的記録

2 吸収分割株式会社又は株式交換完全子会社は、効力発生日から6箇月間、前項各号の書面又は電磁的記録をその本店に備え置かなければならない。

3 吸収分割株式会社の株主、債権者その他の利害関係人は、吸収分割株式会社に対して、その営業時間内は、いつでも、次に掲げる請求をすることができる。ただし、第二号又は第四号に掲げる請求をするには、当該吸収分割株式会社の定めた費用を支払わなければならない。

一　前項の書面の閲覧の請求

二　前項の書面の謄本又は抄本の交付の請求

三　前項の電磁的記録に記録された事項を法務省令で定める方法により表示したものの閲覧の請求

四　前項の電磁的記録に記録された事項を電磁的方法であって吸収分割株式会社の定めたものにより提供することの請求又はその事項を記載した書面の交付の請求

4　前項の規定は、株式交換完全子会社について準用する。この場合において、同項中「吸収分割株式会社の株主、債権者その他の利害関係人」とあるのは、「効力発生日に株式交換完全子会社の株主又は新株予約権者であった者」と読み替えるものとする。

（剰余金の配当等に関する特則）

第792条　第445条第4項、第458条及び第2編第5章第6節の規定は、次に掲げる行為については、適用しない。

一　第758条第八号イ又は第760条第七号イの株式の取得

二　第758条第八号ロ又は第760条第七号ロの剰余金の配当

第2目　持分会社の手続

第793条　次に掲げる行為をする持分会社は、効力発生日の前日までに、吸収合併契約等について当該持分会社の総社員の同意を得なければならない。ただし、定款に別段の定めがある場合は、この限りでない。

一　吸収合併（吸収合併により当該持分会社が消滅する場合に限る。）

二　吸収分割（当該持分会社（合同会社に限る。）がその事業に関して有する権利義務の全部を他の会社に承継させる場合に限る。）

2　第789条（第1項第三号及び第2項第三号を除く。）及び第790条の規定は、吸収合併消滅持分会社又は合同会社である吸収分割会社（以下この節において「吸収分割合同会社」という。）について準用する。この場合において、第789条第1項第二号中「債権者（第758条第八号又は第760条第七号に掲げる事項についての定めがある場合にあっては、吸収分割株式会社の債権者）」

とあるのは「債権者」と、同条第3項中「消滅株式会社等」とあるのは「吸収合併消滅持分会社（吸収合併存続会社が株式会社又は合同会社である場合にあっては、合同会社に限る。）又は吸収分割合同会社」と読み替えるものとする。

第2款　吸収合併存続会社、吸収分割承継会社及び株式交換完全親会社の手続

第1目　株式会社の手続

（吸収合併契約等に関する書面等の備置き及び閲覧等）

第794条　吸収合併存続株式会社、吸収分割承継株式会社又は株式交換完全親株式会社（以下この目において「存続株式会社等」という。）は、吸収合併契約等備置開始日から効力発生日後6箇月を経過する日までの間、吸収合併契約等の内容その他法務省令で定める事項を記載し、又は記録した書面又は電磁的記録をその本店に備え置かなければならない。

2　前項に規定する「吸収合併契約等備置開始日」とは、次に掲げる日のいずれか早い日をいう。

一　吸収合併契約等について株主総会（種類株主総会を含む。）の決議によってその承認を受けなければならないときは、当該株主総会の日の2週間前の日（第319条第1項の場合にあっては、同項の提案があった日）

二　第797条第3項の規定による通知の日又は同条第4項の公告の日のいずれか早い日

三　第799条の規定による手続をしなければならないときは、同条第2項の規定による公告の日又は同項の規定による催告の日のいずれか早い日

3　存続株式会社等の株主及び債権者（株式交換完全子会社の株主に対して交付する金銭等が株式交換完全親株式会社の株式その他これに準ずるものとして法務省令で定めるもののみである場合（第768条第1項第四号ハに規定する場合を除く。）にあっては、株主）は、存続株式会社等に対して、その営業時間内は、いつでも、次に掲げる請求をすることができる。ただし、第二号又は第四号に掲げる請求をするには、当該存続株式会社等の定めた費用を

支払わなければならない。

一　第1項の書面の閲覧の請求

二　第1項の書面の謄本又は抄本の交付の請求

三　第1項の電磁的記録に記録された事項を法務省令で定める方法により表示したものの閲覧の請求

四　第1項の電磁的記録に記録された事項を電磁的方法であって存続株式会社等の定めたものにより提供することの請求又はその事項を記載した書面の交付の請求

（吸収合併契約等の承認等）

第795条　存続株式会社等は、効力発生日の前日までに、株主総会の決議によって、吸収合併契約等の承認を受けなければならない。

2　次に掲げる場合には、取締役は、前項の株主総会において、その旨を説明しなければならない。

一　吸収合併存続株式会社又は吸収分割承継株式会社が承継する吸収合併消滅会社又は吸収分割会社の債務の額として法務省令で定める額（次号において「承継債務額」という。）が吸収合併存続株式会社又は吸収分割承継株式会社が承継する吸収合併消滅会社又は吸収分割会社の資産の額として法務省令で定める額（同号において「承継資産額」という。）を超える場合

二　吸収合併存続株式会社又は吸収分割承継株式会社が吸収合併消滅株式会社の株主、吸収合併消滅持分会社の社員又は吸収分割会社に対して交付する金銭等（吸収合併存続株式会社又は吸収分割承継株式会社の株式等を除く。）の帳簿価額が承継資産額から承継債務額を控除して得た額を超える場合

三　株式交換完全親株式会社が株式交換完全子会社の株主に対して交付する金銭等（株式交換完全親株式会社の株式等を除く。）の帳簿価額が株式交換完全親株式会社が取得する株式交換完全子会社の株式の額として法務省令で定める額を超える場合

3　承継する吸収合併消滅会社又は吸収分割会社の資産に吸収合併存続株式会社又は吸収分割承継株式会社の株式が含まれる場合には、取締役は、第１項の株主総会において、当該株式に関する事項を説明しなければならない。

4　存続株式会社等が種類株式発行会社である場合において、次の各号に掲げる場合には、吸収合併等は、当該各号に定める種類の株式（譲渡制限株式であって、第199条第４項の定款の定めがないものに限る。）の種類株主を構成員とする種類株主総会（当該種類株主に係る株式の種類が２以上ある場合にあっては、当該２以上の株式の種類別に区分された種類株主を構成員とする各種類株主総会）の決議がなければ、その効力を生じない。ただし、当該種類株主総会において議決権を行使することができる株主が存しない場合は、この限りでない。

　一　吸収合併消滅株式会社の株主又は吸収合併消滅持分会社の社員に対して交付する金銭等が吸収合併存続株式会社の株式である場合　第749条第１項第二号イの種類の株式

　二　吸収分割会社に対して交付する金銭等が吸収分割承継株式会社の株式である場合　第758条第四号イの種類の株式

　三　株式交換完全子会社の株主に対して交付する金銭等が株式交換完全親株式会社の株式である場合　第768条第１項第二号イの種類の株式

（吸収合併契約等の承認を要しない場合等）

第796条　前条第１項から第３項までの規定は、吸収合併消滅会社、吸収分割会社又は株式交換完全子会社（以下この目において「消滅会社等」という。）が存続株式会社等の特別支配会社である場合には、適用しない。ただし、吸収合併消滅株式会社若しくは株式交換完全子会社の株主、吸収合併消滅持分会社の社員又は吸収分割会社に対して交付する金銭等の全部又は一部が存続株式会社等の譲渡制限株式である場合であって、存続株式会社等が公開会社でないときは、この限りでない。

2　前条第１項から第３項までの規定は、第一号に掲げる額の第二号に掲げる額に対する割合が５分の１（これを下回る割合を存続株式会社等の定款で定

めた場合にあっては、その割合）を超えない場合には、適用しない。ただし、同条第2項各号に掲げる場合又は前項ただし書に規定する場合は、この限りでない。

　一　次に掲げる額の合計額

　　イ　吸収合併消滅株式会社若しくは株式交換完全子会社の株主、吸収合併消滅持分会社の社員又は吸収分割会社（以下この号において「消滅会社等の株主等」という。）に対して交付する存続株式会社等の株式の数に一株当たり純資産額を乗じて得た額

　　ロ　消滅会社等の株主等に対して交付する存続株式会社等の社債、新株予約権又は新株予約権付社債の帳簿価額の合計額

　　ハ　消滅会社等の株主等に対して交付する存続株式会社等の株式等以外の財産の帳簿価額の合計額

　二　存続株式会社等の純資産額として法務省令で定める方法により算定される額

3　前項本文に規定する場合において、法務省令で定める数の株式（前条第1項の株主総会において議決権を行使することができるものに限る。）を有する株主が第797条第3項の規定による通知又は同条第4項の公告の日から2週間以内に吸収合併等に反対する旨を存続株式会社等に対し通知したときは、当該存続株式会社等は、効力発生日の前日までに、株主総会の決議によって、吸収合併契約等の承認を受けなければならない。

（吸収合併等をやめることの請求）

第796条の2　次に掲げる場合において、存続株式会社等の株主が不利益を受けるおそれがあるときは、存続株式会社等の株主は、存続株式会社等に対し、吸収合併等をやめることを請求することができる。ただし、前条第2項本文に規定する場合（第795条第2項各号に掲げる場合及び前条第1項ただし書又は第3項に規定する場合を除く。）は、この限りでない。

　一　当該吸収合併等が法令又は定款に違反する場合

　二　前条第1項本文に規定する場合において、第749条第1項第二号若しく

は第三号、第758条第四号又は第768条第1項第二号若しくは第三号に掲げる事項が存続株式会社等又は消滅会社等の財産の状況その他の事情に照らして著しく不当であるとき。

（反対株主の株式買取請求）

第797条 吸収合併等をする場合には、反対株主は、存続株式会社等に対し、自己の有する株式を公正な価格で買い取ることを請求することができる。ただし、第796条第2項本文に規定する場合（第795条第2項各号に掲げる場合及び第796条第1項ただし書又は第3項に規定する場合を除く。）は、この限りでない。

2 前項に規定する「反対株主」とは、次の各号に掲げる場合における当該各号に定める株主をいう。

一 吸収合併等をするために株主総会（種類株主総会を含む。）の決議を要する場合 次に掲げる株主

イ 当該株主総会に先立って当該吸収合併等に反対する旨を当該存続株式会社等に対し通知し、かつ、当該株主総会において当該吸収合併等に反対した株主（当該株主総会において議決権を行使することができるものに限る。）

ロ 当該株主総会において議決権を行使することができない株主

二 前号に規定する場合以外の場合 全ての株主（第796条第1項本文に規定する場合における当該特別支配会社を除く。）

3 存続株式会社等は、効力発生日の20日前までに、その株主（第796条第1項本文に規定する場合における当該特別支配会社を除く。）に対し、吸収合併等をする旨並びに消滅会社等の商号及び住所（第795条第3項に規定する場合にあっては、吸収合併等をする旨、消滅会社等の商号及び住所並びに同項の株式に関する事項）を通知しなければならない。

4 次に掲げる場合には、前項の規定による通知は、公告をもってこれに代えることができる。

一 存続株式会社等が公開会社である場合

　　二　存続株式会社等が第795条第1項の株主総会の決議によって吸収合併契
　　　約等の承認を受けた場合

5　第1項の規定による請求（以下この目において「株式買取請求」という。）
　　は、効力発生日の20日前の日から効力発生日の前日までの間に、その株式買
　　取請求に係る株式の数（種類株式発行会社にあっては、株式の種類及び種類
　　ごとの数）を明らかにしてしなければならない。

6　株券が発行されている株式について株式買取請求をしようとするときは、
　　当該株式の株主は、存続株式会社等に対し、当該株式に係る株券を提出しな
　　ければならない。ただし、当該株券について第223条の規定による請求をし
　　た者については、この限りでない。

7　株式買取請求をした株主は、存続株式会社等の承諾を得た場合に限り、そ
　　の株式買取請求を撤回することができる。

8　吸収合併等を中止したときは、株式買取請求は、その効力を失う。

9　第133条の規定は、株式買取請求に係る株式については、適用しない。

（株式の価格の決定等）

第798条　株式買取請求があった場合において、株式の価格の決定について、
　　株主と存続株式会社等との間に協議が調ったときは、存続株式会社等は、効
　　力発生日から60日以内にその支払をしなければならない。

2　株式の価格の決定について、効力発生日から30日以内に協議が調わないと
　　きは、株主又は存続株式会社等は、その期間の満了の日後30日以内に、裁判
　　所に対し、価格の決定の申立てをすることができる。

3　前条第7項の規定にかかわらず、前項に規定する場合において、効力発生
　　日から60日以内に同項の申立てがないときは、その期間の満了後は、株主は、
　　いつでも、株式買取請求を撤回することができる。

4　存続株式会社等は、裁判所の決定した価格に対する第1項の期間の満了の
　　日後の法定利率による利息をも支払わなければならない。

5　存続株式会社等は、株式の価格の決定があるまでは、株主に対し、当該存
　　続株式会社等が公正な価格と認める額を支払うことができる。

6　株式買取請求に係る株式の買取りは、効力発生日に、その効力を生ずる。

7　株券発行会社は、株券が発行されている株式について株式買取請求があったときは、株券と引換えに、その株式買取請求に係る株式の代金を支払わなければならない。

（債権者の異議）

第799条　次の各号に掲げる場合には、当該各号に定める債権者は、存続株式会社等に対し、吸収合併等について異議を述べることができる。

一　吸収合併をする場合　吸収合併存続株式会社の債権者

二　吸収分割をする場合　吸収分割承継株式会社の債権者

三　株式交換をする場合において、株式交換完全子会社の株主に対して交付する金銭等が株式交換完全親株式会社の株式その他これに準ずるものとして法務省令で定めるもののみである場合以外の場合又は第768条第1項第四号ハに規定する場合　株式交換完全親株式会社の債権者

2　前項の規定により存続株式会社等の債権者が異議を述べることができる場合には、存続株式会社等は、次に掲げる事項を官報に公告し、かつ、知れている債権者には、各別にこれを催告しなければならない。ただし、第四号の期間は、1箇月を下ることができない。

一　吸収合併等をする旨

二　消滅会社等の商号及び住所

三　存続株式会社等及び消滅会社等（株式会社に限る。）の計算書類に関する事項として法務省令で定めるもの

四　債権者が一定の期間内に異議を述べることができる旨

3　前項の規定にかかわらず、存続株式会社等が同項の規定による公告を、官報のほか、第939条第1項の規定による定款の定めに従い、同項第二号又は第三号に掲げる公告方法によりするときは、前項の規定による各別の催告は、することを要しない。

4　債権者が第2項第四号の期間内に異議を述べなかったときは、当該債権者は、当該吸収合併等について承認をしたものとみなす。

5　債権者が第2項第四号の期間内に異議を述べたときは、存続株式会社等は、当該債権者に対し、弁済し、若しくは相当の担保を提供し、又は当該債権者に弁済を受けさせることを目的として信託会社等に相当の財産を信託しなければならない。ただし、当該吸収合併等をしても当該債権者を害するおそれがないときは、この限りでない。

（消滅会社等の株主等に対して交付する金銭等が存続株式会社等の親会社株式である場合の特則）

第800条　第135条第1項の規定にかかわらず、吸収合併消滅株式会社若しくは株式交換完全子会社の株主、吸収合併消滅持分会社の社員又は吸収分割会社（以下この項において「消滅会社等の株主等」という。）に対して交付する金銭等の全部又は一部が存続株式会社等の親会社株式（同条第1項に規定する親会社株式をいう。以下この条において同じ。）である場合には、当該存続株式会社等は、吸収合併等に際して消滅会社等の株主等に対して交付する当該親会社株式の総数を超えない範囲において当該親会社株式を取得することができる。

2　第135条第3項の規定にかかわらず、前項の存続株式会社等は、効力発生日までの間は、存続株式会社等の親会社株式を保有することができる。ただし、吸収合併等を中止したときは、この限りでない。

（吸収合併等に関する書面等の備置き及び閲覧等）

第801条　吸収合併存続株式会社は、効力発生日後遅滞なく、吸収合併により吸収合併存続株式会社が承継した吸収合併消滅会社の権利義務その他の吸収合併に関する事項として法務省令で定める事項を記載し、又は記録した書面又は電磁的記録を作成しなければならない。

2　吸収分割承継株式会社（合同会社が吸収分割をする場合における当該吸収分割承継株式会社に限る。）は、効力発生日後遅滞なく、吸収分割合同会社と共同して、吸収分割により吸収分割承継株式会社が承継した吸収分割合同会社の権利義務その他の吸収分割に関する事項として法務省令で定める事項を記載し、又は記録した書面又は電磁的記録を作成しなければならない。

3　次の各号に掲げる存続株式会社等は、効力発生日から6箇月間、当該各号に定めるものをその本店に備え置かなければならない。

一　吸収合併存続株式会社　第1項の書面又は電磁的記録

二　吸収分割承継株式会社　前項又は第791条第1項第一号の書面又は電磁的記録

三　株式交換完全親株式会社　第791条第1項第二号の書面又は電磁的記録

4　吸収合併存続株式会社の株主及び債権者は、吸収合併存続株式会社に対して、その営業時間内は、いつでも、次に掲げる請求をすることができる。ただし、第二号又は第四号に掲げる請求をするには、当該吸収合併存続株式会社の定めた費用を支払わなければならない。

一　前項第一号の書面の閲覧の請求

二　前項第一号の書面の謄本又は抄本の交付の請求

三　前項第一号の電磁的記録に記録された事項を法務省令で定める方法により表示したものの閲覧の請求

四　前項第一号の電磁的記録に記録された事項を電磁的方法であって吸収合併存続株式会社の定めたものにより提供することの請求又はその事項を記載した書面の交付の請求

5　前項の規定は、吸収分割承継株式会社について準用する。この場合において、同項中「株主及び債権者」とあるのは「株主、債権者その他の利害関係人」と、同項各号中「前項第一号」とあるのは「前項第二号」と読み替えるものとする。

6　第4項の規定は、株式交換完全親株式会社について準用する。この場合において、同項中「株主及び債権者」とあるのは「株主及び債権者（株式交換完全子会社の株主に対して交付する金銭等が株式交換完全親株式会社の株式その他これに準ずるものとして法務省令で定めるもののみである場合（第768条第1項第四号ハに規定する場合を除く。）にあっては、株式交換完全親株式会社の株主）」と、同項各号中「前項第一号」とあるのは「前項第三号」と読み替えるものとする。

第2目　持分会社の手続

第802条　次の各号に掲げる行為をする持分会社（以下この条において「存続持分会社等」という。）は、当該各号に定める場合には、効力発生日の前日までに、吸収合併契約等について存続持分会社等の総社員の同意を得なければならない。ただし、定款に別段の定めがある場合は、この限りでない。

一　吸収合併（吸収合併により当該持分会社が存続する場合に限る。）　第751条第1項第二号に規定する場合

二　吸収分割による他の会社がその事業に関して有する権利義務の全部又は一部の承継　第760条第四号に規定する場合

三　株式交換による株式会社の発行済株式の全部の取得　第770条第1項第二号に規定する場合

2　第799条（第2項第三号を除く。）及び第800条の規定は、存続持分会社等について準用する。この場合において、第799条第1項第三号中「株式交換完全親株式会社の株式」とあるのは「株式交換完全親合同会社の持分」と、「場合又は第768条第1項第四号ハに規定する場合」とあるのは「場合」と読み替えるものとする。

第7編　雑　則

第4章　登　記

第2節　会社の登記

（吸収合併の登記）

第921条　会社が吸収合併をしたときは、その効力が生じた日から2週間以内に、その本店の所在地において、吸収合併により消滅する会社については解散の登記をし、吸収合併後存続する会社については変更の登記をしなければならない。

（昭和38年）
（法律第125号）

第３章　登記手続

第５節　株式会社の登記

（合併の登記）

第79条　吸収合併による変更の登記又は新設合併による設立の登記においては、合併をした旨並びに吸収合併により消滅する会社（以下「吸収合併消滅会社」という。）又は新設合併により消滅する会社（以下「新設合併消滅会社」という。）の商号及び本店をも登記しなければならない。

第80条　吸収合併による変更の登記の申請書には、次の書面を添付しなければならない。

一　吸収合併契約書

二　会社法第796条第１項本文又は第２項本文に規定する場合には、当該場合に該当することを証する書面（同条第３項の規定により吸収合併に反対する旨を通知した株主がある場合にあつては、同項の規定により株主総会の決議による承認を受けなければならない場合に該当しないことを証する書面を含む。）

三　会社法第799条第２項の規定による公告及び催告（同条第３項の規定により公告を官報のほか時事に関する事項を掲載する日刊新聞紙又は電子公告によつてした場合にあつては、これらの方法による公告）をしたこと並びに異議を述べた債権者があるときは、当該債権者に対し弁済し若しくは相当の担保を提供し若しくは当該債権者に弁済を受けさせることを目的として相当の財産を信託したこと又は当該吸収合併をしても当該債権者を害するおそれがないことを証する書面

四　資本金の額が会社法第445条第5項の規定に従つて計上されたことを証する書面

五　吸収合併消滅会社の登記事項証明書。ただし、当該登記所の管轄区域内に吸収合併消滅会社の本店がある場合を除く。

六　吸収合併消滅会社が株式会社であるときは、会社法第783条第1項から第4項までの規定による吸収合併契約の承認その他の手続があつたことを証する書面（同法第784条第1項本文に規定する場合にあつては、当該場合に該当することを証する書面及び取締役の過半数の一致があつたことを証する書面又は取締役会の議事録）

七　吸収合併消滅会社が持分会社であるときは、総社員の同意（定款に別段の定めがある場合にあつては、その定めによる手続）があつたことを証する書面

八　吸収合併消滅会社において会社法第789条第2項（第三号を除き、同法第793条第2項において準用する場合を含む。）の規定による公告及び催告（同法第789条第3項（同法第793条第2項において準用する場合を含む。）の規定により公告を官報のほか時事に関する事項を掲載する日刊新聞紙又は電子公告によつてした株式会社又は合同会社にあつては、これらの方法による公告）をしたこと並びに異議を述べた債権者があるときは、当該債権者に対し弁済し若しくは相当の担保を提供し若しくは当該債権者に弁済を受けさせることを目的として相当の財産を信託したこと又は当該吸収合併をしても当該債権者を害するおそれがないことを証する書面

九　吸収合併消滅会社が株券発行会社であるときは、第59条第1項第二号に掲げる書面

十　吸収合併消滅会社が新株予約権を発行しているときは、第59条第2項第二号に掲げる書面

第82条　合併による解散の登記の申請については、吸収合併後存続する会社（以下「吸収合併存続会社」という。）又は新設合併により設立する会社（以下「新設合併設立会社」という。）を代表すべき者が吸収合併消滅会社又は

新設合併消滅会社を代表する。

2　前項の登記の申請は、当該登記所の管轄区域内に吸収合併存続会社又は新設合併設立会社の本店がないときは、その本店の所在地を管轄する登記所を経由してしなければならない。

3　第1項の登記の申請と第80条又は前条の登記の申請とは、同時にしなければならない。

4　申請書の添付書面に関する規定は、第1項の登記の申請については、適用しない。

第83条　吸収合併存続会社又は新設合併設立会社の本店の所在地を管轄する登記所においては、前条第3項の登記の申請のいずれかにつき第24条各号のいずれかに掲げる事由があるときは、これらの申請を共に却下しなければならない。

2　吸収合併存続会社又は新設合併設立会社の本店の所在地を管轄する登記所においては、前条第2項の場合において、吸収合併による変更の登記又は新設合併による設立の登記をしたときは、遅滞なく、その登記の日を同項の登記の申請書に記載し、これを吸収合併消滅会社又は新設合併消滅会社の本店の所在地を管轄する登記所に送付しなければならない。

第6節　合名会社の登記

（設立の登記）

第94条　設立の登記の申請書には、次の書面を添付しなければならない。

一　定款

二　合名会社を代表する社員が法人であるときは、次に掲げる書面

　イ　当該法人の登記事項証明書。ただし、当該登記所の管轄区域内に当該法人の本店又は主たる事務所がある場合を除く。

　ロ　当該社員の職務を行うべき者の選任に関する書面

　ハ　当該社員の職務を行うべき者が就任を承諾したことを証する書面

三　合名会社の社員（前号に規定する社員を除く。）が法人であるときは、

同号イに掲げる書面。ただし、同号イただし書に規定する場合を除く。

（合併の登記）

第108条　吸収合併による変更の登記の申請書には、次の書面を添付しなければならない。

一　吸収合併契約書

二　第80条第五号から第十号までに掲げる書面

三　会社法第802条第2項において準用する同法第799条第2項（第三号を除く。）の規定による公告及び催告（同法第802条第2項において準用する同法第799条第3項の規定により公告を官報のほか時事に関する事項を掲載する日刊新聞紙又は電子公告によつてした場合にあつては、これらの方法による公告）をしたこと並びに異議を述べた債権者があるときは、当該債権者に対し弁済し若しくは相当の担保を提供し若しくは当該債権者に弁済を受けさせることを目的として相当の財産を信託したこと又は当該吸収合併をしても当該債権者を害するおそれがないことを証する書面

四　法人が吸収合併存続会社の社員となるときは、第94条第二号又は第三号に掲げる書面

2　新設合併による設立の登記の申請書には、次の書面を添付しなければならない。

一　新設合併契約書

二　定款

三　第81条第五号及び第七号から第十号までに掲げる書面

四　新設合併消滅会社が株式会社であるときは、総株主の同意があつたことを証する書面

五　法人が新設合併設立会社の社員となるときは、第94条第二号又は第三号に掲げる書面

3　第79条、第82条及び第83条の規定は、合名会社の登記について準用する。

第7節　合資会社の登記

（合併の登記）

第115条　第108条の規定は、合資会社の登記について準用する。

2　第110条の規定は、吸収合併による変更の登記及び新設合併による設立の
登記について準用する。

第8節　合同会社の登記

（合併の登記）

第124条　第108条の規定は、合同会社の登記について準用する。この場合にお
いて、同条第1項第四号及び第2項第五号中「社員」とあるのは、「業務を
執行する社員」と読み替えるものとする。

$$\begin{pmatrix} 昭 & 和 & 39 & 年 \\ 法務省令第23号 \end{pmatrix}$$

第2章　登記手続

第5節　株式会社の登記

（添付書面）

第61条　定款の定め又は裁判所の許可がなければ登記すべき事項につき無効又は取消しの原因が存することとなる申請については、申請書に、定款又は裁判所の許可書を添付しなければならない。

2　登記すべき事項につき次の各号に掲げる者全員の同意を要する場合には、申請書に、当該各号に定める事項を証する書面を添付しなければならない。

　一　株主　株主全員の氏名又は名称及び住所並びに各株主が有する株式の数（種類株式発行会社にあつては、株式の種類及び種類ごとの数を含む。次項において同じ。）及び議決権の数

　二　種類株主　当該種類株主全員の氏名又は名称及び住所並びに当該種類株主のそれぞれが有する当該種類の株式の数及び当該種類の株式に係る議決権の数

3　登記すべき事項につき株主総会又は種類株主総会の決議を要する場合には、申請書に、総株主（種類株主総会の決議を要する場合にあつては、その種類の株式の総株主）の議決権（当該決議（会社法第319条第1項（同法第325条において準用する場合を含む。）の規定により当該決議があつたものとみなされる場合を含む。）において行使することができるものに限る。以下この項において同じ。）の数に対するその有する議決権の数の割合が高いことにおいて上位となる株主であつて、次に掲げる人数のうちいずれか少ない人数の株主の氏名又は名称及び住所、当該株主のそれぞれが有する株式の数（種

類株主総会の決議を要する場合にあつては、その種類の株式の数）及び議決権の数並びに当該株主のそれぞれが有する議決権に係る当該割合を証する書面を添付しなければならない。

一　10名

二　その有する議決権の数の割合を当該割合の多い順に順次加算し、その加算した割合が３分の２に達するまでの人数

4　設立（合併及び組織変更による設立を除く。）の登記の申請書には、設立時取締役が就任を承諾したこと（成年後見人又は保佐人が本人に代わつて承諾する場合にあつては、当該成年後見人又は保佐人が本人に代わつて就任を承諾したこと。以下この項において同じ。）を証する書面に押印した印鑑につき市町村長の作成した証明書を添付しなければならない。取締役の就任（再任を除く。）による変更の登記の申請書に添付すべき取締役が就任を承諾したことを証する書面に押印した印鑑についても、同様とする。

5　取締役会設置会社における前項の規定の適用については、同項中「設立時取締役」とあるのは「設立時代表取締役又は設立時代表執行役」と、同項後段中「取締役」とあるのは「代表取締役又は代表執行役」とする。

6　代表取締役又は代表執行役の就任による変更の登記の申請書には、次の各号に掲げる場合の区分に応じ、それぞれ当該各号に定める印鑑につき市町村長の作成した証明書を添付しなければならない。ただし、当該印鑑と変更前の代表取締役又は代表執行役（取締役を兼ねる者に限る。）が登記所に提出している印鑑とが同一であるときは、この限りでない。

一　株主総会又は種類株主総会の決議によつて代表取締役を定めた場合　議長及び出席した取締役が株主総会又は種類株主総会の議事録に押印した印鑑

二　取締役の互選によつて代表取締役を定めた場合　取締役がその互選を証する書面に押印した印鑑

三　取締役会の決議によつて代表取締役又は代表執行役を選定した場合　出席した取締役及び監査役が取締役会の議事録に押印した印鑑

7　設立の登記又は取締役、監査役若しくは執行役の就任（再任を除く。）に
　よる変更の登記の申請書には、設立時取締役、設立時監査役、設立時執行役、
　取締役、監査役又は執行役（以下この項及び第103条において「取締役等」
　という。）が就任を承諾したこと（成年後見人又は保佐人が本人に代わつて
　承諾する場合にあつては、当該成年後見人又は保佐人が本人に代わつて就任
　を承諾したこと）を証する書面に記載した取締役等の氏名及び住所と同一の
　氏名及び住所が記載されている市町村長その他の公務員が職務上作成した証
　明書（当該取締役等（その者の成年後見人又は保佐人が本人に代わつて就任
　を承諾した場合にあつては、当該成年後見人又は保佐人）が原本と相違がな
　い旨を記載した謄本を含む。）を添付しなければならない。ただし、登記の
　申請書に第4項（第5項において読み替えて適用される場合を含む。）又は
　前項の規定により当該取締役等の印鑑につき市町村長の作成した証明書を添
　付する場合は、この限りでない。
8　代表取締役若しくは代表執行役又は取締役若しくは執行役（登記所に印鑑
　を提出した者がある場合にあつては当該印鑑を提出した者に限り、登記所に
　印鑑を提出した者がない場合にあつては会社の代表者に限る。以下この項に
　おいて「代表取締役等」という。）の辞任による変更の登記の申請書には、
　当該代表取締役等（その者の成年後見人又は保佐人が本人に代わつて行う場
　合にあつては、当該成年後見人又は保佐人）が辞任を証する書面に押印した
　印鑑につき市町村長の作成した証明書を添付しなければならない。ただし、
　登記所に印鑑を提出した者がある場合であつて、当該書面に押印した印鑑と
　当該代表取締役等が登記所に提出している印鑑とが同一であるときは、この
　限りでない。
9　設立の登記又は資本金の額の増加若しくは減少による変更の登記の申請書
　には、資本金の額が会社法及び会社計算規則（平成18年法務省令第13号）の
　規定に従つて計上されたことを証する書面を添付しなければならない。
10　登記すべき事項につき会社に一定の分配可能額（会社法第461条第2項に
　規定する分配可能額をいう。）又は欠損の額が存在することを要するときは、

申請書にその事実を証する書面を添付しなければならない。

11 資本準備金の額の減少によつてする資本金の額の増加による変更の登記（会社法第448条第3項に規定する場合に限る。）の申請書には、当該場合に該当することを証する書面を添付しなければならない。

第8節　合同会社の登記

（準用規定）

第92条　第61条第9項及び第6節（第86条を除く。）の規定は、合同会社について準用する。この場合において、第83条及び第84条中「社員」とあるのは「業務を執行する社員」と、第88条の2第1項中「、社員」とあるのは「、業務を執行する社員」と、同項及び同条第2項中「社員、」とあるのは「業務を執行する社員、」と読み替えるものとする。

債務超過の状態にある株式会社の吸収合併の登記について（弁護士法第23条の２第２項に基づく照会）

昭和56年９月26日民四第5707号民事局第四課長回答

【要旨】

　債務超過の状態にある株式会社を解散会社とする吸収合併の登記は、資本充実の原則に反するので、受理できない。

（照会）

　債務超過の状態にある株式会社を解散会社とする吸収合併の登記は可能か。できない場合はその理由いかん。

（申出の理由─現在二会社とも赤字経営であるが、二会社が合併することにより黒字経営になる見込が十分あるのでこの際合併したいとの相談を受けている。債務超過の状態にある株式会社を解散会社とする吸収合併の登記は受理できない旨の民事局第四課長変更指示（昭和33・５・26民事四発第70号）があるので、照会事項につき御意見を承りたい。）

（回答）

　債務超過の状態にある株式会社を解散会社とする合併は、資本充実の原則に反し許されないので、その登記の申請も受理されない。

資料5 遺産分割と相続人の一部入社登記の可否について

昭和34年1月14日民事甲第2723号民事局長回答

（照会）

　定款において、無限責任社員が死亡したときは、その相続人において当然入社する旨の規定ある合資会社の無限責任社員が死亡した場合、共同相続人間の遺産分割契約により相続人の一人が会社出資金の全部を取得した場合、その者のみの入社登記の受理の可否について、いささか疑義がありますので、何分の御垂示を賜りたくお伺いします。

　　参照　　昭和18年3月民事局長回答

　　　　　　登記関係先例集上巻1093頁

　　　　　　登記研究　122号　39頁

（回答）

　客年11月28日付日記第5969号をもつて照会のあつた標記の件は、当該登記申請を却下すべきものと考える。

資料6 | 有限責任社員の死亡と相続人数人中の一人のみによる
入社登記申請の受否について

昭和38年5月14日民事甲第1357号民事局長回答

（照会）

　標記の件に関しては左記先例により受理すべきでないと思料しますが、いささか疑義がありますので何分の御指示を仰ぎたくお伺い致します。

記

　合資会社の有限責任社員が死亡した場合には（商法161条）相続性を認めているが、先例は、共同相続人中の一人が社員となることの遺産分割協議が成立しても、遺産分割によつて共同相続人中の一部の者のみが、これを承継入社することを認めないとしている（昭和18年3月（水戸地方裁判所長照会）民事局長回答）。

　しかしながら、当該相続開始前に具体化している出資義務及び相続開始前に生じている会社債務に対する社員の責任については、相続人全員が共同して負担するわけで、相続人の一部の者が持分を相続したからとしても他の相続人が、この負担まで免れるものではないと考えられるので、共同相続人間において民法の規定により遺産分割協議が成立した場合は有効と解し、相続人中の一人が相続による入社登記を受理することはできないでしようか。

　参照　昭和18年3月民事局長回答（登記関係先例集（上）1093頁）

　　　　昭和34年1月14日民事甲第2723号

　　　　登記研究122巻39頁　2491問

（回答）

　2月21日付弐（ロ）1第54号をもつて照会のあつた標記の件については、受理しないのが相当である。

資料7 取締役会における代理出席の可否について（商通第11号）

昭和27年12月27日民事甲第905号民事局長通達

　標記の件については、別紙甲号の通り、東京法務局長から問合せがあつたので、別紙乙号のとおり回答したから、貴管下登記官吏に周知方然るべく取り計らわれたい。

（別紙甲号）

　株式会社の取締役会において、出席した取締役が他の取締役の委任を受けて代理で議決権を行使し、取締役の過半数が現実に出席しないで作られた議事録を登記申請に添付した場合は、商法第260条ノ2に適しないものとして受理できないように考えますが、いささか疑義があり何分の御指示を仰ぎたく、目下差迫つた事案でありますので、至急御回示を願います。

（別紙乙号）

　本月11日付で問合わせのあつた標記の件については、貴見のとおりと解する。

昭和26年10月3日民事甲第1940号民事局長回答

　標記の件につき、左記各問題についてその取扱上いささか疑義がありますので、何分の御指示下さいますよう、お伺いいたします。

記

1．代表取締役の解任を決議する場合、解任される取締役は取締役会の構成員となり得るか。

2．株金払込期日前に全額の引受及び払込みを完了した場合には、払込期日前に、新株発行による変更登記を申請することができるか。

3．株主総会の招集通知書中に会議の目的事項として「会社運営について」と記載されていた場合、当該総会で解散の決議をすることが出来るか。

4．商法第280条ノ5第3項の期間は株主全員の同意を得て短縮することができるか。

5．定款中に「当会社の株主は10株を単位としてその端数の所有を認めない」とか、或は又「当社の株券は10株券、50株券、100株券、500株券の4種とする」と定めるが如きは、端数株の譲渡を制限されること。

（回答）

　9月20日附日記民政第2794号で問い合せのあつた標記の件については、左記のとおり解する。

記

第1項　当該取締役は、取締役会の定足数には算入されるが、議決権を行使することはできないから、議決権の数には算入されないものと解すべきである。（第260条ノ2第2項、第239条第5項、第240条第2項）

第2項　新株発行の効力は、払込期日に生ずるものと解すべきであるから（第280条ノ9）株金の払込が払込期日前になされたとしても、払込期日未到来のため新株発行の効力の生じていない所問の場合には、消極に解すべきであ

る。

第3項　株主総会の招集通知には、会議の目的たる事項を記載すべきものとなつているが（第232条第2項）、その目的たる事項の記載は、少くとも株主が議決事項のりんかくを知り得る程度のものでなければならないと解されている。従つて、単に会社運営についてと記載しただけでは、会議の目的たる解散に関する事項を明かにしたものとは解し難いので、消極に解すべきである。

第4項　商法第280条ノ5の期間は、新株引受権を有する株主の利益のために存するものと解すべきであるから、株主全員の同意があつた場合には、積極に解すべきである。

第5項　所問のような定款の記載は、株式譲渡の制限になるものと解される。

資料9 取締役会の決議等について

昭和45年３月２日民事甲第876号民事局長回答

【要旨】

　取締役３名の株式会社の取締役会で、２名の取締役が特別利害関係を有する事項を決議するにあたり、取締役全員が出席した上で利害関係のない取締役１名がなした決議は有効である。

（照会）

　取締役３名の株式会社において、当該会社が自社の取締役２名と会社所有の不動産について取引をなすにあたり、その取引の承認をうけるべく、取締役全員（３名）が出席して取締役会を開催したところ、このうち２名の取締役は特別利害関係人であるため、利害関係のない取締役１名が右取引を承諾する旨の決議がなされたが、この決議は有効か。

　また、右の例において、利害関係のない１名の取締役の決議が無効であるとする場合、当該会社のとるべき措置等について、左記のとおり各説があり、当局においては、前段甲説を相当と考えますがいささか疑義がありますので、何分のご指示を賜りたく、お伺いいたします。

記

前段

　甲説（有効説）

　　取締役全員が出席しており、このうち特別利害関係を有しない取締役１名が賛成している以上、出席取締役の過半数の賛成があつたことになるので、取締役会の決議は有効である。

　乙説（無効説）

　　商法所定の決議には、１名だけの決議ということはありえないと解せられるので、所問の決議は無効である。

　丙説（無効説）

　　商法所定の取締役会の決議は、出席した取締役の議決権が、商法または
　定款所定の最低員数が確保されていることを要件としていると解せられる
　が、本問においては、特別利害関係人の議決権を除外すれば、右決議要件
　を欠くことになり、たとえ、利害関係のない取締役であつても、その決議
　は無効である。
後段
　甲説
　　商法第258条を類推適用し、本問に関する事項のみについて、取締役の
　職務を行う者1名を選任し、利害関係を有しない取締役1名の2名によつ
　て決議する。
　乙説
　　株主総会を開催し、取締役の員数を増加する定款変更の決議および取締
　役選任の決議をし、特別利害関係のある取締役の議決権を除外しても、商
　法または定款所定の最低員数を確保したうえで決議する。
（回答）
　客年11月4日付総第3913号をもつて照会のあつた標記の件については、左記
のとおり回答する。
　　　　　　　　　　　　　　　　記
前段　甲説を相当と考える。
後段　前段により了知されたい。

特別利害関係を有しない取締役１名による取締役会決議の効力について

昭和60年３月15日民四第1603号民事局第四課長回答

【要旨】

　取締役３名、特別利害関係を有しない取締役１名のみにより有効に取締役会決議をなし得る。

（照会）

　商法等の一部を改正する法律（昭和56年法律第74号）により商法第260条の２の規定が改正され、特別利害関係を有する取締役は取締役会の定足数に算入しないこととなりましたので、右の改正後は昭和45年３月２日民事甲第876号民事局長回答と同種の事案の決議は有効になし得ないものと解して差し支えありませんか。何分の御指示をお願いします。

（回答）

　客年８月14日付け３登３第810号をもって照会のあった標記の件については、特別利害関係を有しない取締役１名のみにより有効に決議をなし得るものと考えます。

資料11 商業登記申請書に添付する取締役会議事録の署名について

昭和38年5月25日民四第118号民事局第四課長回答

（照会）

拝啓

　向寒の砌御隆昌の段お慶び申し上げます。掲題の件に関し次の通り御照会申し上げますので御回答賜われば幸甚に存じます。

1　商法第260条の3第2項後段

　　「出席シタル取締役之ニ署名スルコトヲ要ス」とありますが、出席したるも第1議案の決議に先立ち退場し爾後の取締役会各議案審議及び決議に加わらなかつた場合、当該取締役の署名を要するや否や。

2　当該取締役の退場により定足数を欠くに至つた場合はその時より取締役会は成立せざるに至るか。

3　昭和28年10月2日付民事局長回答に「取締役の議事録に出席取締役の過半数の署名がある場合」登記申請を受理して差支えない旨のものがありますが実務上出席取締役の氏名を列記し（記名）その過半数の捺印があり、その記名捺印者数が取締役会の定足数を満す場合もこれに含まれると解してよろしいか否か。

敬具

（回答）

　11月9日付書面をもつて民事局長あて照会のありました標記の件については、当職から私翰をもつて左記のとおり回答します。

記

1．当該取締役の署名を要するものと解する。

2．その時から有効な決議はできないものと解する。

3．含まれるものと解する。

資料12 株主総会等の議事録に関する出席取締役の署名について

昭和28年10月2日民事甲第1813号民事局長電信回答

　株式会社変更登記申請書に添附した株主総会及び取締役会の議事録には出席取締役の過半数の署名があれば他のものの署名がなくても之を受理して差支えありませんか。

　折返し御返電願います。

（回答電文）

　9月27日附電照の件は、株主総会及び取締役会の議事録には出席した取締役全員の署名を要することはもち論であるが、次の場合には登記の申請を受理してさしつかえない。(1)総会又は取締役会終了後出席取締役中に死亡その他やむを得ない事由により署名できない者がある場合において、これを証するに足る書面を添附しその他の出席取締役の署名した議事録がある場合、(2)取締役会の議事録につき出席取締役の過半数（定款をもつて決議の要件を加重した場合にはその加重された数以上）の署名がある場合。

資料13 株主総会等の議事録の作成に関する件について

昭和36年5月1日民四第81号民事局第四課長事務代理回答

（照会）

拝啓　ご多用中まことに恐縮ながら左記事項につき貴省のご意向ご回示賜わりますようよろしくお願い申しあげます。

記

1．取締役会または株主総会の議事録の原本を3通作成し、代表取締役2名がともに記名押印してその他の取締役8名は

第1の原本に1名

第2の原本に2名

第3の原本に5名

がそれぞれ記名押印して3通の原本を合わせれば全取締役の記名押印が完全にそろうという方法は議事録作成手続として違法でしようか、また無効でしようか。

理由

社外非常勤取締役が多い場合押印を求めるため一部の議事録を持ち回つていますと登記期限に間に合わないおそれがありますが上記方法によればその憂いがなくなります。

2．前記の方法が適法でかつ有効であるとすれば代表取締役が2名の場合1名の代表取締役（主たる常勤の代表取締役）が3部の原本に記名押印すれば足りるでしようかあるいは代表取締役2名とも記名押印しなければならないでしようか。

理由

代表取締役中非常勤のものがいる場合1．の理由と同じ理由によります。

（回答）

3月31日付書翰で民事局長あて御照会のあつた株主総会等の議事録の作成に

関する件については、当職より左のとおり回答します。

記

１．適法でないと考える。

２．右により了知されたい。

資料14　電話会議の方法による取締役会の議事録を添付した登記の申請について

平成14年12月18日民商第3044号民事局商事課長回答

（通知）

　標記の件について、別紙１のとおり東京法務局民事行政部長から照会があり、別紙２のとおり回答しましたので、この旨貴管下登記官に周知方取り計らい願います。

別紙１

　登記の申請書に電話会議の方法による別紙の取締役会議事録を添付した申請があった場合には、同議事録は、出席取締役が一堂に会するのと同等の相互に充分な議論を行うことができる会議の議事録として、適式な取締役会議事録と認められるので、本件登記の申請については、これを認めて差し支えないものと考えますが、いささか疑義がありますので、照会します。

別紙

取締役会議事録

　平成14年12月２日午前９時30分から、当社本店会議室及び当社大阪支店会議室において、電話回線及び電話会議用装置からなる電話会議システムを用いて、取締役会を開催した。

　　開催場所　東京都○○区○○１－１－１当社本店会議室

　　　　　　　大阪府大阪市○○区○○２－２－２当社大阪支店会議室

　　出席取締役及び監視役

　　　当社本店会議室　取締役Ａ、Ｂ及び監査役Ｄ

　　　当社大阪支店会議室　取締役Ｃ

　上記のとおり、本店会議室及び大阪支店会議室における全取締役及び監査役の出席が確認され、代表取締役Ａが議長となって、本取締役会は電話会議システムを用いて開催する旨宣言した。

　電話会議システムにより、出席者の音声が即時に他の出席者に伝わり、出席者が一堂に会するのと同等に適時的確な意見表明が互いにできる状態となっていることが確認されて、議案の審議に入った。

（中略）

　本日の電話会議システムを用いた取締役会は、終始異状なく議題の審議を終了したので、議長は午前11時10分閉会を宣言した。

　この議事の経過の要領及び結果を明確にするため、本議事録を作成し、出席取締役及び監査役はこれに記名捺印する。

　　平成14年12月3日

議長　代表取締役社長　　A　㊞

取締役　　B　㊞

取締役　　C　㊞

監査役　　D　㊞

別紙２

　本月10日付け日記第643号をもって照会のありました標記の件については、貴見のとおりと考えます。

資料15 商業登記規則等の一部を改正する省令の施行に伴う商業・法人登記事務の取扱いについて

平成28年6月23日民商第98号民事局長通達

（通達）

　商業登記規則等の一部を改正する省令（平成28年法務省令第32号。以下「改正省令」という。）が本年4月20日に公布され、同年10月1日から施行されることとなりましたが、これに伴う商業・法人登記事務の取扱いについては、下記の点に留意するよう、貴管下登記官に周知方取り計らい願います。

　なお、本通達中、「規則」とあるのは、改正後の商業登記規則（昭和39年法務省令第23号）をいい、引用する条文は、全て改正後のものです。

記

第1　本通達の趣旨

　　本通達は、改正省令の施行に伴い、登記簿の附属書類の閲覧に関する改正（規則第21条）及びこれらの規定の準用による法人登記についての改正（後記第2）、登記すべき事項につき株主総会の決議を要する場合等の変更の登記の申請書の添付書面に関する改正（規則第61条第2項及び第3項）及びこれらの規定の準用による法人登記についての改正（後記第3）並びに経過措置（後記第4）について、事務処理上の留意事項を明らかにしたものである。

第2　登記簿の附属書類の閲覧に関する改正

　1　商業登記についての改正

　⑴　登記簿の附属書類の閲覧の申請書に記載すべき内容の改正（規則第21条第1項、第2項関係）

　　ア　改正の内容

　　　　登記簿の附属書類の閲覧の申請書に記載する請求の目的として、閲

覧しようとする部分を記載しなければならないとされた（規則第21条第1項）。

　また、同申請書には、規則第18条第2項各号（第3号を除く。）に掲げる事項のほか、申請人の住所、代理人によって請求するときは代理人の住所及び閲覧しようとする部分について利害関係を明らかにする事由を記載しなければならないとされた（規則第21条第2項）。

イ　閲覧しようとする部分

　登記簿の附属書類の閲覧の申請書に記載する「閲覧しようとする部分」とは、閲覧しようとする附属書類の名称がこれに該当する。

　閲覧しようとする附属書類の特定に当たっては、当該附属書類が添付された登記申請が、その申請をした会社等の商号及び本店所在地、当該申請により登記された事項並びに登記の受付日等によって特定されることを要する。

　なお、1の登記申請書に株主総会の議事録が複数添付されている場合等同一の名称の附属書類が複数あり、「閲覧しようとする部分」である附属書類をその名称によっては特定することができないときは、作成日付又は記載された内容（当該株主総会決議に基づき登記された事項等）等によって更に特定されることを要する。

(2)　登記簿の附属書類の閲覧の申請書に添付すべき書面に関する改正（規則第21条第3項関係）

　登記簿の附属書類の閲覧の申請書には、閲覧しようとする部分について利害関係を証する書面を添付しなければならないとされた（規則第21条第3項第2号）。

　また、附属書類の閲覧の申請人が法人である場合には、当該法人が当該閲覧の申請を受けた登記所の管轄区域内に本店若しくは主たる事務所を有するとき又は閲覧の申請書に当該法人の会社法人等番号を記載したときを除き、その代表者の資格を証する書面を添付しなければならないとされた（規則第21条第3項第1号）。

　なお、附属書類の閲覧を代理人によってするときは、代理人の権限を証する書面を添付しなければならない（規則第27条において準用する規則第9条の6第2項）。

(3)　登記簿の附属書類の閲覧の申請書に記載すべき「利害関係を明らかにする事由」及び同申請書に添付すべき「利害関係を証する書面」について（規則第21条第2項第3号、同条第3項第2号関係）

　ア　利害関係を明らかにする事由

　　登記簿の附属書類の閲覧の申請書に記載すべき「利害関係を明らかにする事由」は、「閲覧しようとする部分」（規則第21条第1項）として特定された書面を閲覧することについての利害関係を明らかにする事由であることを要する。

　　したがって、「閲覧しようとする部分について利害関係を明らかにする事由」としては、単に、閲覧対象の会社等の株主又は債権者である旨が記載されるのみでは足りず、「閲覧しようとする部分」として記載された附属書類につき、閲覧することについての利害関係を明らかにする事由が具体的に記載されることを要する。

　イ　利害関係を証する書面

　　登記簿の附属書類の閲覧の申請書に添付すべき「利害関係を証する書面」（規則第21条第3項第2号）は、閲覧しようとする部分の閲覧について、利害関係を有することを証する書面であることを要する。

　　したがって、閲覧の申請人が、閲覧しようとする部分の閲覧について利害関係を有することが登記官において判断することができる事項が記載されている必要がある。

　　なお、「利害関係を証する書面」は、原本に限定されず、その写しであっても差し支えない。

　　また、「利害関係を証する書面」として、登記所で実際に閲覧をしようとする者と附属書類の閲覧の申請書に記載された申請人又はその代理人若しくは代表者とが同一人であるかを確認するために、閲覧を

しようとする者の運転免許証等の身分証明書の写しの添付を求めることもできる。

(4) 登記官による処分

　ア　申請の許可又は却下

　　登記官が附属書類の閲覧の申請書を受け取ったときは、申請書に受附の年月日を記載の上、受附の順序に従って相当の処分をしなければならない（規則第29条）。

　　したがって、登記官において、附属書類の閲覧の申請書の記載及びその添付書面を審査し、閲覧の申請に理由があると認められる場合には、閲覧を許可し、閲覧の申請に理由があるとは認められない場合には、これを却下することとなる。

　　また、閲覧しようとする部分として複数の附属書類が記載された場合において、その一部のみに利害関係が認められるときは、利害関係が認められる附属書類の閲覧についてのみ、これを許可し、その余はこれを却下することとなる。

　　閲覧の申請を却下するときは、商業登記等事務取扱手続準則（平成17年3月2日付け法務省民商第500号当職通達）第53条第1項から第4項まで及び第7項前段の手続に準ずるものとする。なお、申請の不備が補正することができるものである場合には、閲覧の申請人に補正を求めることとして差し支えない。

　イ　利害関係の審査

　　登記簿の附属書類の閲覧についての利害関係の有無の審査に当たっては、閲覧しようとする部分につき、閲覧の申請人が利害関係を有しているか否かを、申請書に記載された「利害関係を明らかにする事由」及び添付された利害関係を証する書面により判断する必要がある。

　　したがって、「閲覧しようとする部分」として、附属書類の名称等が具体的に特定されず、利害関係に関する審査ができない場合には、申請を却下して差し支えない。

　　また、閲覧についての利害関係の有無の審査は、附属書類に記載された個人情報にも配慮して行う必要があり、閲覧の申請人において、より個人情報の保護に資する一の書面を閲覧すれば、申請書に記載された利害関係を明らかにする事由との関係で、閲覧の目的を達すると認められる場合には、それ以外の書面の閲覧については利害関係を有しないものと判断して差し支えない。

2　法人等の登記における改正

　　規則第21条の規定は、いずれも改正省令による改正後の各種法人等登記規則（昭和39年法務省令第46号）第５条、特定目的会社登記規則（平成10年法務省令第37号。以下「特定目的会社登記規則」という。）第３条、投資事業有限責任組合契約及び有限責任事業組合契約登記規則（平成10年法務省令第47号。以下「投資事業有限責任組合契約及び有限責任事業組合契約登記規則」という。）第８条、投資法人登記規則（平成10年法務省令第51号。以下「投資法人登記規則」という。）第３条、限定責任信託登記規則（平成19年法務省令第46号。以下「限定責任信託登記規則」という。）第８条及び一般社団法人等登記規則（平成20年法務省令48号）第３条において準用されているので、これらの法人等の登記簿の附属書類の閲覧については、１と同様の取扱いをすることとなる。

　　なお、投資事業有限責任組合契約及び有限責任事業組合契約登記規則及び限定責任信託登記規則については、改正前の各規則においても、「登記簿の附属書類の閲覧の申請書には、利害関係を証する書面を添付しなければならない。」旨規定されている（投資事業有限責任組合契約及び有限責任事業組合契約登記規則第５条、限定責任信託登記規則第４条）。

3　捜査機関等からの照会への対応

　　１及び２の改正にかかわらず、刑事訴訟法（昭和23年法律第131号）第197条第２項に基づく捜査に必要な事項の照会及び国税犯則取締法（明治33年法律67号）第１条第３項に基づく犯則事件の調査に必要な事項の照会等により、登記の附属書類の閲覧又はその写しの交付若しくは送付を求め

　　られた場合については、従前の取扱いから変更はない。

第3　登記すべき事項につき株主総会又は種類株主総会の決議を要する場合等
　における登記の申請書に添付すべき書面に関する改正

　1　株式会社についての改正

　　(1)　登記すべき事項につき株主又は種類株主全員の同意を要する場合（規
　　　則第61条第2項関係）

　　　ア　株主全員の同意を要する場合

　　　　登記すべき事項につき株主全員の同意を要する場合には、申請書に、
　　　株主全員につき次に掲げる事項を証する書面を添付しなければならな
　　　いとされた（規則第61条第2項第1号）。

　　　　①　氏名又は名称

　　　　②　住所

　　　　③　各株主が有する株式の数（種類株式発行会社にあっては、株式
　　　　　の種類及び種類ごとの数を含む。）

　　　　④　議決権の数

　　　イ　種類株主全員の同意を要する場合

　　　　登記すべき事項につき種類株主全員の同意を要する場合には、当該
　　　種類株主全員につき次に掲げる事項を証する書面を添付しなければな
　　　らないとされた（規則第61条第2項第2号）。

　　　　①　氏名又は名称

　　　　②　住所

　　　　③　当該種類株主が有する当該種類の株式の数

　　　　④　当該種類の株式に係る議決権の数

　　(2)　登記すべき事項につき株主総会又は種類株主総会の決議を要する場合
　　　（規則第61条第3項関係）

　　　ア　株主総会の決議を要する場合

　　　　登記すべき事項につき株主総会の決議を要する場合には、申請書に、
　　　総株主の議決権（当該決議において行使することができるものに限る。

以下同じ。）の数に対するその有する議決権の数の割合が高いことにおいて上位となる株主であって、10名又はその有する議決権の割合を当該割合の多い順に順次加算し、その加算した割合が3分の2に達するまでの人数のうちいずれか少ない人数の株主につき、次に掲げる事項を証する書面を添付しなければならないとされた（規則第61条第3項）。

① 氏名又は名称

② 住所

③ 当該株主のそれぞれが有する株式の数（種類株式発行会社にあっては、株式の種類及び種類ごとの数を含む。）及び議決権の数

④ 当該株主のそれぞれが有する議決権の数の割合

なお、一の登記申請で、株主総会の決議を要する複数の登記すべき事項について申請される場合には、当該登記すべき事項ごとに上記①から④までの事項を証する書面の添付を要することになる。ただし、決議ごとに添付を要する当該書面に記載すべき内容が一致するときは、その旨の注記がされた当該書面が1通添付されていれば足りる。

イ 種類株主総会の決議を要する場合

登記すべき事項につき種類株主総会の決議を要する場合には、申請書に、その種類の株式の総株主の議決権の数に対するその有する議決権の数の割合が高いことにおいて上位となる株主であって、10名又はその有する議決権の割合を当該割合の多い順に順次加算し、その加算した割合が3分の2に達するまでの人数のうちいずれか少ない人数の株主につき、次に掲げる事項を証する書面を添付しなければならないとされた（規則第61条第3項）。

① 氏名又は名称

② 住所

③ 当該株主のそれぞれが有するその種類の株式の数及び議決権の数

　　　　④　当該種類の株式の総株主の議決権数に対する当該株主のそれぞ
　　　　　れが有する議決権の数の割合
　　　ウ　株主総会の決議があったものとみなされる場合
　　　　株主総会又は種類株主総会の決議について、会社法（平成17年法律
　　　第86号）第319条第1項（同法第325条において準用する場合を含む。）
　　　の規定により当該決議があったものとみなされる場合にも、ア又はイ
　　　記載の書面を添付しなければならないとされた（規則第61条第3項）。
２　投資法人及び特定目的会社についての改正
　　規則第61条第2項及び第3項の規定は、投資法人登記規則第3条及び特
　定目的会社登記規則第3条においても準用されているので、これらの法人
　の登記事項につき投資主総会又は社員総会の決議等を要する場合について
　も、投資主又は社員につき1の事項を記載した書面を添付しなければなら
　ないこととなる。
第4　経過措置
　　改正省令の施行前にされた登記の申請については、規則第61条第2項又は
　第3項（これらの規定を他の省令において準用する場合を含む。）の規定に
　かかわらず、なお従前の例によるとされた（改正省令附則第2項）。
　　したがって、改正省令の施行前に申請がされた第3記載の登記の申請書で
　あって登記がされていないものについては、改めて第3記載の書面の添付を
　要しない。
　　他方で、改正省令の施行後にされた登記の申請については、株主総会の決
　議等がその施行前にされたものであっても、第3記載の書面を添付しなけれ
　ばならない。

平成28年6月23日民商第99号民事局商事課長依命通知

（依命通知）

　商業登記規則等の一部を改正する省令（平成28年法務省令第32号。以下「改正省令」という。）の施行に伴う商業・法人登記事務の取扱いについては、本日付け法務省民商第98号民事局長通達（以下「通達」という。）が発出されたところですが、通達の運用に当たっては、下記の点に留意するよう、貴管下登記官に周知方取り計らい願います。

　なお、本通知中、「規則」とあるのは、改正後の商業登記規則（昭和39年法務省令第23号）をいい、引用する条文は、全て改正後のものです。

記

第1　登記簿の附属書類の閲覧について

　1　登記簿の附属書類の閲覧の申請書に記載すべき「閲覧しようとする部分」の特定について

　　　登記簿の附属書類の閲覧の申請に当たっては、当該附属書類が名称により特定されることを要するところ、その名称としては、登記官において、申請書類つづり込み帳につづり込まれた附属書類のうち、閲覧しようとする附属書類を特定するに足りる記載がされることを要する。附属書類の名称の記載は、具体的な名称（例えば、「定款」又は「株主総会の議事録」）をもって行われるほか、商業登記法（昭和38年法律第125号）又は規則等の法令に規定された文言（例えば、「取締役が就任を承諾したことを証する書面」）により行われることも差し支えない。

　2　登記簿の附属書類の閲覧の申請書に記載すべき「利害関係を明らかにする事由」及び同申請書に添付すべき「利害関係を証する書面」について

　⑴　「利害関係を明らかにする事由」について

　　　登記簿の附属書類の閲覧の申請書に記載すべき「利害関係を明らかにする事由」は、閲覧しようとする部分として特定された添付書面を閲覧することについての利害関係を明らかにする事由が記載されていることを要するところ、例えば、取締役の解任の登記がされている場合におい

て、当該取締役であり、かつ、当該会社の主要な株主である者が、「閲
覧しようとする部分」として「その解任について決議された株主総会の
議事録」と特定してその閲覧を請求したときの利害関係を明らかにする
事由としては、当該会社に対して当該株主総会の決議の有効性を争うた
めの民事訴訟を提起するために、当該株主総会の開催の状況及び決議の
状況等につき当該株主総会の議事録の記載内容を確認する必要があるこ
となどが考えられる。

　この場合において、「規則第61条第3項の書面」をも閲覧申請の対象
とするときの利害関係を明らかにする事由としては、例えば当該株主総
会の決議の有効性等を確認するために、閲覧対象の会社が主要な株主の
一人として申請人の氏名等を当該書面に記載しているかを確認する必要
があることなどが考えられる。

(2)　「利害関係を証する書面」について

　登記簿の附属書類の閲覧の申請書に添付すべき「利害関係を証する書
面」は、閲覧しようとする部分の閲覧について利害関係を有することを
証する書面であることを要するところ、例えば、(1)に記載した事案にお
いて、「株主総会の議事録」の閲覧を申請する場合には、当該申請人が
閲覧対象の会社の株主であること及び取締役であったことを証する書面
に加えて、訴状の案の写し等の当該株主総会の決議の有効性を争う訴訟
を提起する予定であることを証する書面等が必要と考えられる。

　また、(1)に記載した事案で「規則第61条第3項の書面」の閲覧を申請
する場合も、同様である。

　なお、このように、一の閲覧申請につき、「閲覧する部分」として複
数の附属書類が記載されている場合において、それぞれの附属書類の閲
覧につき添付を要する「利害関係を証する書面」が共通するときは、1
通のみ添付されていれば足りる。

3　登記官による処分について

(1)　申請の却下について

　登記官は、登記簿の附属書類の閲覧の申請に理由があると認められる場合には、閲覧を許可し、閲覧の申請に理由があるとは認められない場合には、これを却下することとされたところ、閲覧の申請に理由があるとは認められず、これを却下すべき場合としては、例えば、申請書に必要な事項の記載がされていない場合、申請書に必要な添付書面が添付されていない場合又は閲覧しようとする部分についての利害関係があるとは認められない場合等がこれに該当する。

(2)　利害関係の審査

　登記簿の附属書類の閲覧についての利害関係の有無の審査は、附属書類に記載された個人情報にも配慮して行い、閲覧の申請人において、より個人情報の保護に資する一の書面を閲覧すれば、申請書に記載された利害関係を明らかにする事由との関係で、閲覧の目的を達すると認められる場合には、それ以外の書面の閲覧については利害関係は有しないものと判断して差し支えないとされたところ、例えば、会社法（平成17年法律第86号）に基づき取締役個人に対する損害賠償請求の訴えを提起するに当たり、民事訴訟の訴状の送達先を把握する必要があるなどとして附属書類の閲覧が申請された場合において、取締役の住所が記載された附属書類として、取締役が就任を承諾したことを証する書面と取締役の本人確認証明書の双方につき閲覧の申請がされたときは、取締役が就任を承諾したことを証する書面の閲覧のみを許可し、当該取締役の本人確認証明書の閲覧には利害関係を有しないものと判断される。

　なお、閲覧の申請人が、取締役の本人確認証明書のみの閲覧を申請した場合も同様である。

4　捜査機関等からの照会への対応について

　捜査についての必要な事項の照会及び犯則事件の調査についての必要な事項の照会等については、従前の取扱いから変更はないとされたところ、この場合において、捜査機関等が、特に緊急を要するとして、登記の附属書類の写しの交付又は送付に先立ち、電話による口頭での回答又はファク

シミリによる登記の附属書類の写しの送信での回答等の方法による速やかな回答を要望するときは、登記所の事務への影響も考慮し、捜査機関等と協議の上、これに応じても差し支えない。なお、この場合においては、誤送信等がないように、捜査機関等の連絡先の確認等について留意されたい。

第2　登記すべき事項につき株主総会又は種類株主総会の決議を要する場合等における登記の申請書に添付すべき書面について

1　登記すべき事項につき株主全員の同意等を要する場合

規則第61条第2項に規定する書面としては、代表取締役の作成に係る同項第1号又は第2号に定める事項を証明する書面であって、登記所に提出された印鑑が押印されたものがこれに該当する。

2　登記すべき事項につき株主総会等の決議を要する場合

(1)　規則第61条第3項に規定する書面に記載すべき株主又は種類株主

ア　株主総会の決議を要する場合

登記すべき事項につき株主総会の決議を要する場合における規則第61条第3項に規定する書面には、株主総会に出席した株主に限られず、自己株式等の議決権を有しない株式の株主を除き、当該株主総会において、当該決議事項につき議決権を行使することができた株主全ての中から対象となる株主が記載されている必要がある。

イ　種類株主総会の決議を要する場合

登記すべき事項につき種類株主総会の決議を要する場合における規則第61条第3項に規定する書面には、種類株主総会に出席した株主に限られず、自己株式等の議決権を有しない株式の株主を除き、当該種類株主総会において、当該決議事項につき議決権を行使することができた株主全ての中から対象となる株主が記載されている必要がある。

(2)　具体例

規則第61条第3項に規定する書面としては、代表取締役の作成に係る同項に規定する事項を証明する書面であって、登記所に提出された印鑑が押印されたものがこれに該当する。

資料16 商法等の一部を改正する法律等の施行に伴う登記事務
の取扱いについて

平成９年９月19日民四第1709号民事局長通達

（通達）

　商法等の一部を改正する法律（平成９年法律第71号。以下「改正法」とい
う。）、商法等の一部を改正する法律の施行に伴う関係法律の整備に関する法律
（平成９年法律第72号。以下「整備法」という。）及び商業登記規則の一部を改
正する省令（平成９年法務省令第55号）が本年10月１日から施行されることと
なったが、これに伴う登記事務の取扱いについては、下記の点に留意し、事務
処理に遺憾のないよう、この旨貴管下登記官に周知方取り計らい願います。

　なお、本通達中、「法」とあるのは商法を、「有法」とあるのは有限会社法を、
「商登法」とあるのは商業登記法を、「商登規」とあるのは商業登記規則をそれ
ぞれいい、引用する条文は、すべて改正後のものである。

記

第１　合名会社及び合資会社に関する改正

　１　合併に関する改正

　　⑴　設立委員の制度の廃止

　　　　新設合併における設立委員の制度が廃止され、各会社を代表すべき社
　　　員が新設会社の定款に署名しなければならないこととされた（法56条３
　　　項）。

　　　　したがって、合併による設立の登記の申請書には、設立委員の資格を
　　　証する書面を添付することを要しない（改正前の商登法68条１項３号、
　　　77条参照）。

　　⑵　債権者保護手続の合理化

　　　　合併に異議があれば一定の期間内にこれを述べるべき旨の公告及び催
　　　告をした際に異議を述べた債権者がある場合であっても、合併をしても

その者を害するおそれがないときは、会社は、弁済をし、若しくは相当の担保を供し、又はその債権者に弁済を受けさせることを目的として信託会社に相当の財産を信託することを要しないこととされた（法100条3項、147条）。

　したがって、この場合の合併による変更又は設立の登記の申請書には、異議を述べた債権者に対し、弁済し、若しくは担保を供し、又は信託したことを証する書面に代えて、合併をしてもその者を害するおそれがないことを証する書面を添付しなければならない（商登法67条2号、77条）。

　なお、この公告は、商法中改正法律施行法（昭和13年法律第73号）第17条、法務局及び地方法務局の設置に伴う関係法律の整理等に関する法律（昭和24年法律第137号）附則第9項により官報に掲げてすべきものとされていたが、その旨が法第100条第1項に明記され、商法中改正法律施行法第17条の規定は、削除された（改正法附則4項）。

　合併当時会社が異議を述べた債権者の債権につき既に十分な被担保債権額を有する抵当権を設定している場合には、当該抵当権を設定した不動産の登記簿謄本が「合併をしてもその者を害するおそれがないことを証する書面」に該当する。また、合併に異議を述べた債権者が有する債権について、その債権額、弁済期、担保の有無、合併当事会社の資産状況、営業実績等を具体的に摘示して、その債権者を害するおそれがないことを当該会社の代表者が証明した書面も、「合併をしてもその者を害するおそれがないことを証する書面」に該当するものとして取り扱って差し支えない。

2　任意清算に関する改正

　任意清算に異議があれば一定の期間内にこれを述べるべき旨の公告及び催告をした際に異議を述べた債権者がある場合であっても、任意清算をしてもその者を害するおそれがないときは、会社は、弁済をし、若しくは相当の担保を供し、又はその債権者に弁済を受けさせることを目的として信託会社に相当の財産を信託することを要しないこととされた（法117条3

項、100条3項、147条)。

　この場合には、任意清算結了の登記の申請書には、会社財産の処分が完了したことを証する書面を添付することで足りる(商登法64条1項)。

第2　株式会社に関する改正

1　合併に関する改正

⑴　設立委員の制度の廃止

　新設合併における設立委員の制度が廃止され、各会社を代表すべき取締役が新設会社の定款に署名しなければならないこととされた(法56条3項)。

　したがって、合併による設立の登記の申請書には、設立委員の資格を証する書面を添付することを要しない(改正前の商登法91条3号、68条1号、3号参照)。

⑵　合併と同時にする株式譲渡制限規定の新設

　合併後存続する会社が合併により定款を変更して株式の譲渡につき取締役会の承認を要する旨の規定を設ける場合においては、その会社及び合併によって消滅する会社であって定款にその定めがないものにおける合併承認総会の決議は、いずれも法348条第1項の規定によらなければならず(法408条5項)、かつ、法第350条第1項及び第3項の規定による株券失効の手続を行わなければならないこととされた(法416条5項、408条5項、350条1項、3項)。

　したがって、この場合の変更の登記の申請書には、存続会社又は消滅会社の合併承認総会の決議につき法第348条第1項の規定による決議があった旨の株主総会の議事録(商登法79条1項)及び法第350条第1項の規定による公告をしたことを証する書面(商登法90条6号)を添付しなければならない。

⑶　合併に伴う定款変更

　合併後存続する会社が合併により定款を変更する場合には、その規定を合併契約書に記載すべきこととされ、定款変更の効力は、合併の効力

の発生と同時に生じることとされた（法409条1号）。

　したがって、変更に係る定款の規定が登記すべき事項に係るものである場合には、合併による変更の登記と合わせて定款変更による変更の登記を申請しなければならない。

(4)　合併に際して就職すべき取締役等の選任

　存続する会社につき合併に際して就職すべき取締役又は監査役を合併契約書に記載したときは、合併の効力の発生と同時に取締役等の選任の効力が生じることとされた（法409条8号）。

　また、合併により会社を設立する場合においては、合併により設立する会社の取締役及び監査役の氏名を合併契約書に記載しなければならず（法410条6号）、この場合には、会社の設立と同時に取締役等の就任の効力が生じる。

　したがって、合併による変更の登記の申請書には、合併に際して就任する取締役又は監査役があるときは、これらの者が就任を承諾したことを証する書面を添付しなければならず（商登法90条8号）、また、合併による設立の登記の申請書にも、合併により設立する会社の取締役又は監査役に就任する者が承認したことを証する書面を添付しなければならない（商登法91条2号、80条8号）。

(5)　債権者保護手続の合理化

　合併に異議があれば一定の期間内にこれを述べるべき旨の公告及び催告をした際に異議を述べた債権者がある場合であっても、合併をしてもその者を害するおそれがないときは、会社は、弁済をし、若しくは相当の担保を供し、又はその債権者に弁済を受けさせることを目的として信託会社に相当の財産を信託することを要しないこととされた（法412条1項本文、2項、100条3項）。

　したがって、この場合の合併による変更又は設立の登記の申請書には、異議を述べた債権者に対し弁済をし、若しくは担保を供し、又は信託をしたことを証する書面に代えて、合併をしてもその者を害するおそれ

がないことを証する書面を添付しなければならない（商登法90条3号、91条1号）。

　その公告を会社が官報のほか、公告をする方法として定款に定めた時事に関する事項を掲載する日刊新聞紙に掲げてするときは、知れたる債権者に対する各別の催告は、要しないこととされた（法412条1項ただし書）。

　この場合にあっては、催告をしたことを証する書面に代えて、これらの公告をしたことを証する書面を合併による変更又は設立の登記の申請書に添付しなければならない（商登法90条3号、91条1号）。

(6)　合併による株式の分割の特例

　消滅会社の合併による株式の分割については、法第218条第2項の規定にかかわらず、最終の貸借対照表により会社に現存する純資産額を分割後の発行済株式の総数で除した額が5万円を下る場合においても、これをすることができる旨の規定が設けられた（法413条）。

　したがって、合併による変更の登記の申請は、消滅会社の合併による株式の分割がされた場合において、最終の貸借対照表により会社に現存する純資産額を分割後の発行済株式の総数で除した額が5万円を下るときであっても、これを受理することができることが明らかになった。

(7)　報告総会及び創立総会の制度の廃止

　吸収合併における報告総会及び新設合併における創立総会の制度は、いずれも廃止された（改正前の法412条、413条参照）。

　したがって、合併による変更の登記の申請書には存続会社の報告総会の議事録を添付することを要せず（商登法79条1項参照）、また、合併による設立の登記の申請書には新設会社の創立総会の議事録を添付することを要しない（改正前の商登法91条2号、80条7号参照）。

　また、報告総会及び創立総会の廃止に伴い、合併の登記は、会社が合併をしたときから本店の所在地においては2週間内、支店の所在地においては3週間内にしなければならないこととされた（法414条）。登記期

間の起算点である「合併ヲ為シタルトキ」とは、合併に必要な法定の手続をすべて終了したときという意味であり、「合併ヲ為スヘキ時期」（法409条6号、410条5号）と一致するとは限らない。

(8)　資本の限度額の制限

存続会社の資本については、①消滅会社から承継する財産の価額から②承継する債務の額、③合併交付金の額及び④法第409条ノ2の規定により消滅会社の株主に移転する株式（合併新株の代用として利用する自己株式）につき会計帳簿に記載した価額の合計額を控除した額を限度として増加することができることとされた（法413条ノ2第1項前段）。この場合において、合併に際して額面株式を発行するときは、1株の金額にその株式の総数を乗じた額に相当する金額は、資本に組み入れなければならない（法413条ノ2第1項後段）。

新設会社の資本についても、①消滅会社から承継する財産の価額から②承継する債務の額及び③合併交付金の額を控除した額を超えることができないこととされた（法413条ノ2第2項前段）。この場合において、合併に際して額面株式を発行するときは額面1株の金額にその株式の総数を乗じた額を、また、無額面株式を発行するときは5万円にその株式の総数を乗じた額に相当する金額を、それぞれ資本に組み入れなければならない（法413条ノ2第2項後段）。

したがって、合併による変更の登記の申請書には、合併により資本を増加するときは、法第413条ノ2第1項前段に規定する限度額を証する書面を添付しなければならず（商登法90条7号）、また、合併による設立の登記の申請書には、法第413条ノ2第2項前段に規定する額を証する書面を添付しなければならない（商登法91条3号）。

申請人は、それぞれの場合の資本の限度額を証する書面として、①から③までのそれぞれの額を個別的に証明する書面を添付しなければならない。この場合において、法第414条ノ2第1項の規定により合併登記の日の翌日から開示が要求される「承継シタル財産ノ価額及債務ノ額其

ノ他ノ合併ニ関スル事項ヲ記載シタル書面」は、①及び②を証明する書面として取り扱って差し支えない。また、別途添付が要求されている合併契約書（商登法90条１号、91条１号）は③の合併交付金の額を証明する書面をも兼ねるものとして、また、会計帳簿中に記載された当該自己株式の価額につき監査役が証明した書面は④を証明する書面として、それぞれ取り扱って差し支えない。さらに、これらの各書面に代えて、存続会社又は新設会社の取締役が①から④までの額を具体的に摘示した上で当該限度額を証明した書面が添付されたときも、当該登記の申請を受理して差し支えない。

　なお、合併による資本の増加額は、法第413条ノ２の規定する限度額の範囲内であれば足りることとされたため、存続会社の資本の増加額が消滅会社の資本の額より少ない場合でも、資本減少の手続をとる必要はない（昭和59年３月28日民事局第四課長回答参照）。

(9)　簡易な合併手続の創設

　合併後存続する会社が合併に際して発行する新株の総数がその会社の発行済株式の総数の20分の１以下であり、かつ、合併交付金の金額が最終の貸借対照表によりその会社に現存する純資産額の50分の１以下であるときは、その会社においては、法第408条第１項の総会の承認を得ることなく合併をすることができることとされた（法413条ノ３第１項）。この場合の存続会社における手続は、次の点を除き、通常の合併の場合と同様である（以下、この手続による合併を「簡易合併」という。）。

　なお、簡易合併を行う場合の存続会社についてする変更の登記の申請書には、存続会社については、承認総会の議事録に代えて、取締役会の議事録を添付しなければならない（商登法79条１項、法260条２項）。また、この場合において、合併により消滅する会社の株主に支払うべき金額を定めたときは、最終の貸借対照表をも添付しなければならない（商登法79条２項）。

ア　合併契約書の作成

　　この場合の合併契約書には、承認決議を得ずに合併をする旨を記載することを要し、また、合併による定款の変更および合併に際して就職すべき取締役又は監査役の規定を記載することができない（法413条ノ3第3項）。

　　したがって、簡易合併による変更の登記の申請書に添付された合併契約書に、存続会社について、承認決議を得ずに合併をする旨の記載がないとき、又は合併による定款の変更若しくは取締役の規定があるときは、当該登記の申請を受理することができない。

イ　株主に対する公告又は通知

　　存続会社は、合併契約書を作成した日から2週間内に消滅会社の商号及び本店、合併期日並びに合併総会の承認決議を得ずに合併する旨を公告し、又は株主に通知しなければならない（法413条ノ3第4項）。

ウ　株主の反対通知

　　簡易合併に反対の株主は、公告又は通知の日から2週間内に、会社に対し、書面をもって簡易合併に反対の意思を通知することができ、この通知をした株主は、会社に対し自己の有する株式を合併契約がなければ有すべき公正な価格で買い取るべき旨を請求することができる（法413条ノ3第5項）。

エ　合併手続の中止

　　存続会社の発行済株式の総数の6分の1以上に当たる株式を有する株主が簡易合併に反対の意思の通知をしたときは、簡易合併の手続による合併をすることができない（法413条ノ3第8項）。

　　したがって、簡易合併による変更の登記の申請書に反対の意思の通知をした株主がいない旨の記載がないときは、法第413条ノ3第5項の規定による反対の意思の通知をした株主が有する株式の総数を証する書面を添付しなければならない（商登法90条9号）。

オ　債権者保護手続等

　　存続会社は、法第412条の規定による債権者保護手続の公告及び催

告又は法第413条第4項の規定に基づく株主に対する公告若しくは通知の日のうち最初の日から法第408条ノ2第1項の書類を本店に備え置かなければならない（法413条ノ3第9項、法408条ノ2第1項）。

また、存続会社は、合併契約書を作成した日から2週間内に、債権者に対し、合併に異議があれば一定の期間内にこれを述べるべき旨の公告及び催告をしなければならない。この場合においても、法第412条第1項ただし書の規定に従い各別の催告を省略することができる（法413条ノ3第9項、412条1項）。

⑽　合併前に就職した取締役等の任期

合併後存続する会社の取締役及び監査役であって合併前に就職したものは、合併契約書に別段の定めの記載があるときを除き、合併後最初に到来する決算期に関する定時総会の終結の時に退任するものとされた（法414条ノ3）。

2　資本の減少に関する改正

資本の減少に異議があれば一定の期間内にこれを述べるべき旨の公告及び催告をした際に異議を述べた債権者がある場合であっても、資本の減少をしてもその者を害するおそれがないときは、会社は、弁済をし、若しくは相当の担保を供し、又はその債権者に弁済を受けさせることを目的として信託会社に相当の財産を信託することを要しないこととされた（法376条2項、100条3項）。

したがって、この場合の資本の減少による変更の登記の申請書には、異議を述べた債権者に対し弁済をし、若しくは担保を供し、又は信託したことを証する書面に代えて、資本の減少をしてもその者を害するおそれがないことを証する書面を添付しなければならない（商登法87条1号、67条2号）。

第3　有限会社に関する改正

1　合併に関する改正

⑴　新たな合併形態の許容

　　合併をすることができる会社の組合せとして、新たに有限会社同士が
合併して株式会社を設立する場合及び株式会社同士が合併して有限会社
を設立する場合が認められた（有法59条１項、60条１項本文）。

　　ただし、株式会社が、他の株式会社と合併して有限会社を設立する場
合には、合併をする会社の一方又は双方が社債の償還を完了していない
ものであってはならない（有法60条１項ただし書）。

　　この場合には、合併による設立の登記の申請書に、社債の償還を完了
したことを証する書面を添付しなければならない。

(2)　裁判所の認可の廃止

　　有限会社が株式会社と合併する場合において、合併後存続する会社又
は合併によって設立する会社が株式会社であるときの裁判所の認可制度
は、廃止された（改正前の有法60条２項参照）。

　　したがって、有限会社が株式会社と合併する場合であっても、合併に
よる変更又は設立の登記の申請書には、裁判所の認可書を添付すること
を要しない。

(3)　合併の公告をする方法の登記

　　債権者保護手続の公告をする方法として時事に関する事項を掲載する
日刊新聞紙に掲げてする旨の定款の定めを設けたときは、本店の所在地
においては２週間内に、支店の所在地においては３週間以内に、その規
定を登記しなければならないこととされた（有法63条３項、法412条）。

　　登記すべき事項は、会社が合併の公告をする方法であり、変更の登記
の申請書には、社員総会議事録（商登法94条）を添付しなければならな
い。

　　会社が合併の公告をする方法の登記の記載は、別紙記載例による。

(4)　その他の改正

　　設立委員の制度の廃止、合併に伴う定款の変更、合併に際して就職す
べき取締役等の選任、債権者保護手続の合理化、報告総会及び創立総会
の制度の廃止、資本の限度額の制限等について、株式会社の場合と同様

の改正がされた（有法63条1項）。

2　資本の減少等に関する改正

　　資本の減少又は株式会社から有限会社への若しくは有限会社から株式会社への組織変更（資本が減少するときに限る。）に異議があれば一定の期間内にこれを述べるべき旨の公告及び催告をした際に異議を述べた債権者がある場合であっても、資本の減少又は組織変更をしてもその者を害するおそれがないときは、会社は、弁済をし、若しくは相当の担保を供し、又はその債権者に弁済を受けさせることを目的として信託会社に相当の財産を信託することを要しないこととされた（有法58条1項、法376条2項、100条3項、有法68条、法100条3項）。

　　したがって、この場合の資本の減少による変更の登記又は組織変更による設立の登記の申請書には、異議を述べた債権者に対し弁済をし、若しくは担保を供し、又は信託したことを証する書面に代えて、資本の減少又は組織変更をしてもその者を害するおそれがないことを証する書面を添付しなければならない（商登法97条、67条2号、93条1項2号、67条2号、102条、93条1項2号、67条2号）。

第4　その他の法人に関する改正

　　整備法により、出資一口の金額の減少又は合併をする場合において債権者に対し異議があればこれを述べるべき旨の公告及び催告をすることを要する旨の規定がある法人がこれらの手続を行う場合において、異議を述べた債権者があるときであっても、その者を害するおそれのないときは、その者に対し弁済等をすることを要しないこととされたことに伴い、商法等の一部を改正する法律及び商法等の一部を改正する法律の施行に伴う関係法律の整備に関する法律の施行に伴う関係政令の整備に関する政令（平成9年政令第288号。以下「整備令」という。）により組合等登記令（昭和39年政令第29号）等が改正され、それぞれの法人が出資一口の金額の減少による変更の登記又は合併による変更若しくは設立の登記を申請する場合に申請書に添付すべき書面について、所要の手当が行われた。

　この手当が行われた法人は、別添「出資一口の金額の減少による変更の登記又は合併による変更若しくは設立の登記の添付書面につき所要の手当がされた法人一覧」（※１）のとおりである。

第５　その他の改正

　整備法及び整備令により、会社更生法、金融機関の合併及び転換に関する法律施行令、預金保険法施行令及び金融機関の更生手続の特例等に関する法律施行令が改正され、登記の添付書面について、株式会社に関する改正と同様の改正がされた。

　なお、更生計画において更生手続中の会社が他の会社と合併をすることを定めた場合の更生手続中の会社についてする合併による変更の登記の嘱託書又は申請書には商登法第90条第７号から第９号までに掲げる書面を添付することを要しない（会社更生法258条７項）。更生計画において更生手続中の金融機関の更生手続の特例等に関する法律第２条第３項の金融機関（以下「金融機関」という。）が他の金融機関と合併をすることを定めた場合の更生手続中の金融機関についてする合併による変更の登記の嘱託書又は申請書に添付すべき書面についても、同趣旨の改正がされた（金融機関の更生手続の特例等に関する法律３条１項、５条１項)。

第６　添付書面

　会社の合併による変更の登記又は設立の登記の申請書に添付すべき書面は、別添「合併に関する添付書面一覧表」（※２）のとおりである。

第７　経過措置

　改正法及び整備法の施行前に締結された合併契約に係る合併に関しては、これらの法律の施行後も、なお従前の例によることとされた（改正法附則２項、整備法附則２項)。

※１　254〜252頁を参照。

※２　251〜244頁を参照。

別紙記載例

1．会社が合併の公告をする方法を設定、変更又は廃止した場合

（1）会社が合併の公告をする方法を定めた場合

「その他の事項」欄

会社が合併の公告をする方法 　東京都において発行される日本新聞に掲載してする。
平成9年10月1日設定　　平成9年10月6日登記㊞

（2）会社が合併の公告をする方法を変更した場合

「その他の事項」欄

会社が合併の公告をする方法 　東京都において発行される日本新聞に掲載してする。
平成9年10月1日設定　　平成9年10月6日登記㊞
会社が合併の公告をする方法 　東京都において発行される東日本新聞に掲載してする。
平成9年12月1日変更　　平成9年12月5日登記㊞

（3）会社が合併の公告をする方法を廃止した場合

「その他の事項」欄

会社が合併の公告をする方法 　東京都において発行される日本新聞に掲載してする。
平成9年10月1日設定　　平成9年10月6日登記㊞
平成10年4月1日会社が合併の公告をする方法廃止
平成10年4月6日登記㊞

（商登法九九条一号、九八条三号）

異議を述べた債権者に対し弁済し若しくは担保を供し若しくは信託したことを証する書面又は合併をしてもその者を害するおそれがないことを証する書面
（商登法九九条一号、九八条三号）

消滅会社の登記簿謄本
（商登法九九条一号、九八条四号）
（商登法九九条一号、六七条三号）

消滅会社が株式会社であるときは、社債の償還を完了したことを証する書面
（商登法九九条一号、九八条五号）
（商登法九九条一号、九三条一項五号）

新設会社の定款
（商登法九九条二号、九五条一号）

取締役が就任を承諾したことを証する書面
（商登法九九条二号、九五条四号）

監査役を置いたときは監査役が就任を承諾したことを証する書面
（商登法九九条二号、九五条五号）

商法第四一三条ノ二第二項前段に規定する額を証する書面
（商登法九九条三号、九一条三号）

［注］「名」は合名会社、「資」は合資会社、「株」は株式会社、「有」は有限会社をいい、下線を付した部分は改正に係る部分である。

（商登法九一条一号、九〇条四号、八七条二号、八四条の二）

商法第四〇八条第四項の場合には同法第三五〇条第一項の規定による公告をしたこと を証する書面
（商登法九一条一号、九〇条六号）

新設会社の定款
（商登法九一条二号、八〇条一号）

取締役、代表取締役及び監査役が就任を承諾したことを証する書面
（商登法九一条二号、八〇条八号）

名義書換代理人又は登録機関をおいたときは、これらの者との契約を証する書面
（商登法九一条二号、八〇条九号）

商法第四一三条ノ二第二項前段に規定する額を証する書面
（商登法九一条三号）

取締役の過半数の一致があったことを証する書面
（商登法九四条）

合併契約書
（商登法九四条）

消滅会社の社員総会又は株主総会の議事録
（商登法九九条一号、九八条二号）
（商登法九九条一号、九八条一号）

有＋有＝有
有＋株＝有
株＋株＝有

公告及び催告（官報のほか時事に関する事項を掲載する日刊新聞紙に掲載してした場合はこれらの公告）をしたことを証する書面

	（商登法七七条、六八条一項二号、六七条二号）
	消滅会社の登記簿謄本 （商登法七七条、六八条一項二号、六七条三号）
株＋株＝株 株＋名＝株 株＋資＝株 名＋名＝株 名＋資＝株 資＋資＝株 有＋株＝株 有＋有＝株	取締役会の議事録 （商登法七九条一項） 合併契約書 （商登法九一条一項、九〇条一号） 消滅会社の株主総会若しくは社員総会の議事録又は総社員の同意があったことを証する書面 （商登法九一条一号、九〇条二号） 公告及び催告（官報のほか時事に関する事項を掲載する日刊新聞紙に掲載してした場合はこれらの公告）をしたことを証する書面 （商登法九一条一号、九〇条三号） 異議を述べた債権者に対し弁済し若しくは担保を供し若しくは信託したことを証する書面又は合併をしてもその者を害するおそれがないことを証する書面 （商登法九一条一号、九〇条三号） 消滅会社の登記簿謄本 （商登法九一条一号、九〇条四号、六七条三号） 合併により株式の併合又は分割をしたときは商法第二一五条第一項の規定による公告をしたことを証する書面

資＋資＝名 名＋資＝名	（商登法六八条一項一号） 消滅会社の総社員の同意書 （商登法六八条一項二号、六七条一号） 公告及び催告をしたことを証する書面 （商登法六八条一項二号、六七条二号） 異議を述べた債権者に対し弁済し若しくは担保を供し若しくは信託したことを証する 書面又は合併をしてもその者を害するおそれがないことを証する書面 （商登法六八条一項二号、六七条二号） 消滅会社の登記簿謄本 （商登法六八条一項二号、六七条三号）
名＋資＝資 資＋資＝資 名＋名＝資	（商登法六八条一項一号） 有限責任社員が出資につき履行した部分を証する書面 （商登法七六条、七四条） 新設会社の定款 （商登法七七条、六八条一項一号） 消滅会社の総社員の同意書 （商登法七七条、六八条一項二号、六七条一号） 公告及び催告をしたことを証する書面 （商登法七七条、六八条一項二号、六七条二号） 異議を述べた債権者に対し弁済し若しくは担保を供し若しくは信託したことを証する 書面又は合併をしてもその者を害するおそれがないことを証する書面

新設	
名＋名＝名	
新設会社の定款	（商登法九八条一号） 消滅会社の社員総会又は株主総会の議事録 （商登法九八条二号） 公告及び催告（官報のほか時事に関する事項を掲載する日刊新聞紙に掲載してした場合はこれらの公告）をしたことを証する書面 （商登法九八条三号） 異議を述べた債権者に対し弁済し若しくは担保を供し若しくは信託したことを証する書面又は合併をしてもその者を害するおそれがないことを証する書面 （商登法九八条三号） 消滅会社の登記簿謄本 （商登法九八条四号、六七条三号） 消滅会社が株式会社であるときは、社債の償還を完了したことを証する書面 （商登法九八条五号、九三条一項五号） 合併により資本を増加するときは、商法第四一三条ノ二第一項前段に規定する限度額を証する書面 （商登法九八条六号、九〇条七号） 合併に際して就任する取締役又は監査役があるときは、就任を承諾したことを証する書面 （商登法九八条六号、九〇条八号）

有＋有＝有 有＋株＝有	（商登法九〇条三号） 消滅会社の登記簿謄本 （商登法九〇条四号、六七条三号） 合併により株式の併合又は分割をしたときは商法第二一五条第一項の規定による公告をしたことを証する書面 （商登法九〇条五号、八七条二号、八四条の二） 商法第四〇八条第四項又は第五項の場合には同法第三五〇条第一項の規定による公告をしたことを証する書面 （商登法九〇条六号） 合併により資本を増加するときは、商法第四一三条ノ二第一項前段に規定する限度を証する書面 （商登法九〇条七号） 合併に際して就任する取締役又は監査役があるときは、就任を承諾したことを証する書面 （商登法九〇条八号） 商法第四一三条ノ三第五項の規定による反対の意思の通知をした株主があるときは、その株主が有する株式の総数を証する書面 （商登法九〇条九号） 存続会社の社員総会の議事録 （商登法九四条） 合併契約書

	株＋株＝株 株＋名＝株 株＋資＝株 有＋株＝株	
（商登法七七条、六七条二号） 異議を述べた債権者に対し弁済し若しくは担保を供し若しくは信託したことを証する書面又は合併をしてもその者を害するおそれがないことを証する書面		
（商登法七七条、六七条二号） 異議を述べた債権者に対し弁済し若しくは担保を供し若しくは信託したことを証する	（商登法七七条、六七条三号） 消滅会社の登記簿謄本	
	存続会社の株主総会の議事録 （商登法七九条一項）	簡易合併の場合には取締役会の議事録 （商登法七九条一項）
		簡易合併の場合であって消滅する会社の株主に支払うべき金額を定めた場合には最終の貸借対照表 （商登法七九条二項）
合併契約書 （商登法九〇条一号）		
消滅会社の株主総会若しくは社員総会の議事録又は総社員の同意があったことを証する書面		
（商登法九〇条二号） 公告及び催告（官報のほか時事に関する事項を掲載する日刊新聞紙に掲載してした場合はこれらの公告）をしたことを証する書面		
（商登法九〇条三号） 異議を述べた債権者に対し弁済し若しくは担保を供し若しくは信託したことを証する書面又は合併をしてもその者を害するおそれがないことを証する		

合併に関する添付書類一覧表

合併の種類	合併の形態	添付書類
吸収	名＋名＝名 名＋資＝名	存続会社の総社員の同意書（商登法五四条） 消滅会社の総社員の同意書（商登法六七条一号） 公告及び催告をしたことを証する書面（商登法六七条二号） 異議を述べた債権者に対し弁済し若しくは担保を供し若しくは信託したことを証する書面又は合併をしてもその者を害するおそれがないことを証する書面（商登法六七条二号） 消滅会社の登記簿謄本（商登法六七条三号）
	名＋資＝資	公告及び催告をしたことを証する書面（商登法六七条二号） 存続会社の総社員の同意書（商登法六六条、七四条） 有限責任社員が出資につき履行した部分を証する書面
	資＋資＝資	消滅会社の総社員の同意書（商登法七七条、五四条） 消滅会社の総社員の同意書（商登法七七条） 公告及び催告をしたことを証する書面（商登法七七条、六七条一号）

法人	改正条項	添付書面の根拠条項
	関する法律八二条五項、九八条四項	組登令一七条二項
農林中央金庫	農林中央金庫法八条、旧産業組合法四一条二項	組登令一七条二項
貸家組合	貸家組合法三三条、旧産業組合法六四条、四一条二項	登記令一〇条二項

2　公告の方法につき法第一〇〇条第一項を準用するもの

法人	改正条項	添付書面の根拠条項
監査法人	公認会計士法三四条の二二第五項	組登令一九条二項
弁護士会	弁護士法四三条二項	登記令七条一項
税理士会等	税理士法四九条の一一第二項	組登令一九条二項
相互会社等	同法一七三条一項／同法六七条二項／同法六七条二項／保険業法七〇条二項	同法一七〇条一項／同法九五条二項六号／同法八三条二項六号／組登令一九条二項

3　公告の方法につき法第一〇〇条第一項を準用していないもの

法人	改正条項	添付書面の根拠条項
船主相互保険組合	船主相互保険組合法四八条一項	組登令一九条二項
酒類業組合	酒税の保全及び酒類業組合等に関する法律五七条二項	組登令一九条二項

漁船保険組合	漁船損害等補償法五四条四項	同法七三条二項
漁業信用基金協会	中小漁業融資保証法五六条二項	組登令一九条二項
信用保証協会	信用保証協会法二五条四項	組登令一九条二項
労働金庫	労働金庫法五七条二項、六二条五項	同法七九条二項、八一条二項
環境衛生同業組合	環境衛生関係営業の運営の適正化に関する法律四九条の三第二項、五二条の七第二項	組登令一七条二項、一九条二項
商店街振興組合	商店街振興組合法六七条二項、七三条二項	組登令一七条二項、一九条二項
漁業共済組合	漁業災害補償法五三条二項	組登令一九条二項
銀行等	金融機関の合併及び転換に関する法律一一条四項	同令九条一項四号、同条二項一号
銀行等	預金保険法七三条四項	なし
森林組合	森林組合法六七条二項、八四条四項	組登令一七条二項、一九条二項
農住組合	農住組合法五三条二項、七二条四項	組登令一七条二項、一九条二項
銀行	銀行法三四条四項	商登法九〇条三号、九一条一号
更生保護法人	更生保護事業法三六条二項	組登令一九条二項
農林中央金庫等	農林中央金庫と信用農業協同組合連合会との合併等に関する法律七条四項	同令五条四号
防災街区整備組合	密集市街地における防災街区の整備の促進に	未施行

出資一口の金額の減少による変更の登記又は合併による変更若しくは設立の登記の添付書面につき所要の手当がされた法人一覧

1　債権者保護手続につき、法第一〇〇条第三項と同様の改正をしたもの

法　人	改　正　条　項	添付書面の根拠条項
農業協同組合	農業協同組合法五〇条二項、六五条四項	同法八三条三項、八五条二項
農業共済組合	農業災害補償法五〇条二項	同法六八条二項
消費生活協同組合	消費生活協同組合法五〇条二項、六九条四項	同法八三条二項、八五条二項
医療法人	医療法五九条三項	組登令一九条二項
水産業協同組合	水産業協同組合法五四条二項、六九条四項	同法一一一条三項、一一三条二項
事業協同組合等	中小企業等協同組合法五七条二項、六三条二項	同法九三条二項、九五条二項
協業組合等	中小企業団体の組織に関する法律五条の二三、四七条、中小企業等協同組合法五七条二項	中小企業団体の組織に関する法律五一条三項、五三条
学校法人	私立学校法五四条二項	組登令一九条二項
商品取引所	商品取引所法九九条の四第二項	同法一一〇条二項
社会福祉法人	社会福祉事業法四九条二項	組登令一九条二項
宗教法人	宗教法人法三四条四項	同法六三条四項
信用金庫	信用金庫法五二条二項、五八条五項	同法七五条二項、七七条二項

資料17 登録免許税法施行規則及び租税特別措置法施行規則の一部を改正する省令の施行に伴う商業登記事務の取扱いについて

平成19年4月25日民商第971号民事局長通達

（通達）

　登録免許税法施行規則及び租税特別措置法施行規則の一部を改正する省令（平成19年財務省令第35号。以下「改正省令」という。）が本年5月1日から施行されますが、これに伴う商業登記事務の取扱いについては、下記の点に留意するよう、貴管下登記官に周知方お取り計らい願います。

記

第1　本通達の趣旨

　本通達は、改正省令の施行に伴い、会社の新設合併、組織変更及び吸収合併の際の登録免許税の算定の方法及び登記の申請書の添付書面について、登記事務処理上留意すべき事項を明らかにしたものである。

第2　登録免許税の算定の方法について

　1　新設合併による株式会社又は合同会社の設立の登記に係る登録免許税の算定について

　　登録免許税法（昭和42年法律第35号）別表第一第24号㈠ホにおいては、新設合併による株式会社又は合同会社の設立の登記に係る登録免許税の額は、新設合併により設立される株式会社又は合同会社の資本金の額の1,000分の1.5（新設合併により消滅した会社の当該新設合併の直前における資本金の額として財務省令で定めるものを超える資本金の額に対応する部分については、1,000分の7）とされている。この「財務省令で定めるもの」は、従前は、新設合併により消滅した会社の当該新設合併の直前における資本金の額（当該消滅会社が合名会社又は合資会社である場合にあっては、900万円）と規定されていたところ、改正省令による改正後の登

録免許税法施行規則（昭和42年大蔵省令第37号。以下「改正後施行規則」
という。）においては、以下の(1)から(3)までの各額を基礎とし、(4)の割合
を求めた上で、(5)の計算に従い算定した額とされた（改正後施行規則第12
条第１項第１号）。

(1)　新設合併により消滅する会社の当該消滅の直前における資本金の額
　　（当該消滅する会社が合名会社又は合資会社である場合にあっては、900
　　万円）（改正後施行規則第12条第１項第１号イ）

(2)　新設合併により消滅する会社の当該消滅の直前における資産の額から
　　負債の額を控除した額（当該控除した額が(1)に掲げる額以下である場合
　　にあっては、(1)に掲げる額）（改正後施行規則第12条第１項第１号ロ(1)）

(3)　新設合併により設立する株式会社又は合同会社が当該新設合併に際し
　　て当該新設合併により消滅する会社の株主又は社員に対して交付する財
　　産（当該新設合併により設立する株式会社の株式及び合同会社の持分を
　　除く。）の価額（改正後施行規則第12条第１項第１号ロ(2)）

(4)　(2)の額から(3)の額を控除した額（当該控除した額が零を下回る場合に
　　あっては、零）が(2)の額のうちに占める割合（改正後施行規則第12条第
　　１項第１号ロ）

(5)　当該新設合併により消滅する各会社の(1)の額に(4)の割合を乗じて計算
　　した額の合計額（改正後施行規則第12条第１項第１号）

2　組織変更による株式会社又は合同会社の設立の登記に係る登録免許税の
　　算定について

　　組織変更による株式会社又は合同会社の設立の登記に係る登録免許税の
　　算定について、1と同様とされた（改正後施行規則第12条第１項第２号）。

3　吸収合併による株式会社又は合同会社の資本金の増加の登記に係る登録
　　免許税の算定について

　　吸収合併による株式会社又は合同会社の資本金の増加の登記に係る登録
　　免許税の額は、増加する資本金の額の1,000分の1.5（合併により消滅した
　　会社の当該合併の直前における資本金の額として財務省令で定めるものを

超える資本金の額に対応する部分については、1,000分の7）とされている（登録免許税法別表第一第24号㈠ヘ）ところ、この「財務省令で定めるもの」についても、従前は、吸収合併により消滅した会社の当該吸収合併の直前における資本金の額とされていたが、改正後施行規則においては、1と同様に、以下の⑴から⑶まで各額を基礎とし、⑷の割合を求めた上で、⑸の計算に従い算定した額とされた（改正後施行規則第12条第2項）。

⑴　吸収合併により消滅する会社の当該消滅の直前における資本金の額（当該消滅する会社が合名会社又は合資会社である場合にあっては、900万円）（改正後施行規則第12条第2項第1号イ）

⑵　吸収合併により消滅する会社の当該消滅の直前における資産の額から負債の額を控除した額（当該控除した額が⑴に掲げる額以下である場合にあっては、⑴に掲げる額）（改正後施行規則第12条第2項第1号ロ⑴）

⑶　吸収合併後存続する株式会社又は合同会社が当該吸収合併に際して当該吸収合併により消滅する会社の株主又は社員に対して交付する財産（当該吸収合併後存続する株式会社の株式（当該株式会社が有していた自己の株式を除く。）及び合同会社の持分を除く。）の価額（改正後施行規則第12条第2項第1号ロ⑵）

⑷　⑵の額から⑶の額を控除した額（当該控除した額が零を下回る場合にあっては、零）が⑵の額のうちに占める割合（改正後施行規則第12条第2項第1号ロ）

⑸　⑴の額に⑷の割合を乗じて計算した額（2以上の会社が吸収合併により消滅する場合にあっては、当該消滅する各会社の⑴の額に⑷の割合を乗じて計算した額の合計額。改正後施行規則第12条第2項第1号）

4　1から3までの計算をする際に基礎とすべき額について

改正後施行規則第12条第1項又は第2項の規定により「財務省令で定めるもの」を計算する場合には、会社法（平成17年法律第86号）第753条第1項（株式会社を設立する新設合併契約）若しくは第755条第1項（持分会社を設立する新設合併契約）に規定する新設合併契約、第749条第1項

（株式会社が存続する吸収合併契約）若しくは第751条第1項（持分会社が
存続する吸収合併契約）に規定する吸収合併契約又は第744条第1項（株
式会社の組織変更計画）若しくは第746条第1項（持分会社の組織変更計
画）に規定する組織変更計画の基礎となった額（これらの契約又は計画に
変更があった場合には、当該変更後の契約又は計画の基礎となった額）に
よることとされた（改正後施行規則第12条第8項）。

第3　新設合併による株式会社若しくは合同会社の設立の登記、組織変更によ
る株式会社若しくは合同会社の設立の登記又は吸収合併による株式会社若
しくは合同会社の資本金の増加の登記を申請する際の添付書面について

1　新設合併による株式会社又は合同会社の設立の登記を申請する際の添付
書面について

新設合併による株式会社又は合同会社の設立の登記を申請する際の添付
書面として、以下の事項を記載し、当該新設合併により設立する株式会社
又は合同会社の代表者が証明した書面の添付を要することとされた（改正
後施行規則第12条第5項）。当該書面の記載は、別紙1によるものとする。

⑴　新設合併により消滅する各会社の当該消滅の直前における資産の額及
び負債の額（改正後施行規則第12条第5項第1号）

⑵　新設合併により設立する株式会社又は合同会社が当該新設合併に際し
て当該新設合併により消滅する各会社の株主又は社員に対して交付する
財産（当該新設合併により設立する株式会社の株式及び合同会社の持分
を除く。）の価額（改正後施行規則第12条第5項第2号）

2　組織変更による株式会社又は合同会社の設立の登記を申請する際の添付
書面について

組織変更による株式会社又は合同会社の設立の登記を申請する際の添付
書面として、以下の事項を記載し、当該組織変更により設立する株式会社
又は合同会社の代表者が証明した書面の添付を要することとされた（改正
後施行規則第12条第6項）。当該書面の記載は、別紙2によるものとする。

⑴　組織変更をする会社の当該組織変更の直前における資産の額及び負債

の額（改正後施行規則第12条第6項第1号）

⑵　組織変更後の株式会社又は合同会社が当該組織変更に際して当該組織変更の直前の会社の株主又は社員に対して交付する財産（当該組織変更後の株式会社の株式及び合同会社の持分を除く。）の価額（改正後施行規則第12条第6項第2号）。

3　吸収合併による株式会社又は合同会社の資本金の増加の登記を申請する際の添付書面について

　　吸収合併による株式会社又は合同会社の資本金の増加の登記を申請する際の添付書面として、以下の事項を記載し、当該吸収合併後存続する株式会社又は合同会社の代表者が証明した書面の添付を要することとされた（改正後施行規則第12条第7項）。当該書面の記載は、別紙3によるものとする。

⑴　吸収合併により消滅する会社の当該消滅の直前における資産の額及び負債の額（改正後施行規則第12条第7項第1号）

⑵　吸収合併後存続する株式会社又は合同会社が当該吸収合併に際して当該吸収合併により消滅する各会社の株主又は社員に対して交付する財産（当該吸収合併後存続する株式会社の株式及び合同会社の持分を除く。）の価額（改正後施行規則第12条第7項第2号）

⑶　⑵の交付する財産のうち当該吸収合併後存続する株式会社が有していた自己の株式の価額（改正後施行規則第12条第7項第3号）

第4　その他（租税特別措置法施行規則（昭和32年大蔵省令第15号）の一部改正）

　　租税特別措置法（昭和32年法律第26号）第79条第1項第2号、第80条第1項第2号及び第80条の2第1項第2号に規定する財務省令で定めるものについても、改正後施行規則第12条第1項、第2項及び第8項の規定が準用されることとされた（改正省令第2条）。

第5　経過措置

　　改正省令は、本年5月1日から施行されるが、改正省令第1条の規定によ

る改正後施行規則第12条第1項、第2項及び第5項から第8項までの規定は、
当該施行の日以後に受ける登記について適用があり、同日前に受ける登記に
ついては、なお従前の例によるとされた（改正省令附則第1項、第2項）。

　なお、改正省令第2条の規定による改正後の租税特別措置法施行規則（昭
和32年大蔵省令第15号）第30条第1項、第30条の2第2項及び第30条の3第
2項の規定についても、同様とされた（改正省令附則第3項）。

別紙1
登録免許税法施行規則第12条第5項の規定に関する証明書

1 消滅会社□□株式会社に係る登録免許税法施行規則第12条第5項に掲げる額は，次のとおりである（注1）。
① 新設合併により消滅する会社の当該消滅の直前における資産の額（登録免許税法施行規則第12条第5項第1号）
金○○円
② 新設合併により消滅する会社の当該消滅の直前における負債の額（登録免許税法施行規則第12条第5項第1号）
金○○円
③ 新設合併により設立する株式会社又は合同会社が当該新設合併に際して当該新設合併により消滅する各会社の株主又は社員に対して交付する財産（当該新設合併により設立する株式会社の株式及び合同会社の持分を除く。）の価額（登録免許税法施行規則第12条第5項第2号）
金○○円
2 消滅会社△△株式会社に係る登録免許税法施行規則第12条第5項に掲げる額は，次のとおりである。
① 新設合併により消滅する会社の当該消滅の直前における資産の額（登録免許税法施行規則第12条第5項第1号）
金○○円
② 新設合併により消滅する会社の当該消滅の直前における負債の額（登録免許税法施行規則第12条第5項第1号）
金○○円
③ 新設合併により設立する株式会社又は合同会社が当該新設合併に際して当該新設合併により消滅する各会社の株主又は社員に対して交付する財産（当該新設合併により設立する株式会社の株式及び合同会社の持分を除く。）の価額（登録免許税法施行規則第12条第5項第2号）
金○○円

上記の額に相違ないことを証明する。

平成○年○月○日

○県○市○町○丁目○番○号
○○株式会社
代表取締役 ○○ 印（注2）

（注）1 新設合併により消滅する各会社ごとに，①から③までの額を記載するものとする。ただし，証明書はまとめて1通として差し支えありません。
2 今回登記所に新たに届け出る印鑑を押印してください。

別紙2

登録免許税法施行規則第12条第6項の規定に関する証明書

　登録免許税法施行規則第12条第6項に掲げる額は，次のとおりである。

① 　組織変更をする会社の当該組織変更の直前における資産の額（登録免許税法施行規則第12条第6項第1号）

金〇〇円

② 　組織変更をする会社の当該組織変更の直前における負債の額（登録免許税法施行規則第12条第6項第1号）

金〇〇円

③ 　組織変更後の株式会社又は合同会社が当該組織変更に際して当該組織変更の直前の会社の株主又は社員に対して交付する財産（当該組織変更後の株式会社の株式及び合同会社の持分を除く。）の価額（登録免許税法施行規則第12条第6項第2号）

金〇〇円

　上記の額に相違ないことを証明する。

　　平成〇年〇月〇日

　　　　　　　　〇県〇市〇町〇丁目〇番〇号
　　　　　　　　〇〇株式会社
　　　　　　　　代表取締役　〇〇　印（注）

（注）　今回登記所に新たに届け出る印鑑を押印してください。

別紙3

登録免許税法施行規則第12条第7項の規定に関する証明書

1　吸収合併により消滅する□□株式会社に係る登録免許税法施行規則第12条第7項に
掲げる額は，次のとおりである（注1）。
　①　吸収合併により消滅する会社の当該消滅の直前における資産の額（登録免許税法
　　施行規則第12条第7項第1号）

金○○円

　②　吸収合併により消滅する会社の当該消滅の直前における負債の額（登録免許税法
　　施行規則第12条第7項第1号）

金○○円

　③　吸収合併後存続する株式会社又は合同会社が当該吸収合併に際して当該吸収合併
　　により消滅する各会社の株主又は社員に対して交付する財産（当該吸収合併後存続
　　する株式会社の株式及び合同会社の持分を除く。）の価額（登録免許税法施行規則
　　第12条第7項第2号）

金○○円

　④　③の交付する財産のうち当該吸収合併後存続する株式会社が有していた自己の株
　　式の価額（登録免許税法施行規則第12条第7項第3号）

2　吸収合併により消滅する△△株式会社に係る登録免許税法施行規則第12条第7項に
掲げる額は，次のとおりである。
　①　吸収合併により消滅する会社の当該消滅の直前における資産の額（登録免許税法
　　施行規則第12条第7項第1号）

金○○円

　②　吸収合併により消滅する会社の当該消滅の直前における負債の額（登録免許税法
　　施行規則第12条第7項第1号）

金○○円

　③　吸収合併後存続する株式会社又は合同会社が当該吸収合併に際して当該吸収合併
　　により消滅する各会社の株主又は社員に対して交付する財産（当該吸収合併後存続
　　する株式会社の株式及び合同会社の持分を除く。）の価額（登録免許税法施行規則
　　第12条第7項第2号）

金○○円

　④　③の交付する財産のうち当該吸収合併後存続する株式会社が有していた自己の株
　　式の価額（登録免許税法施行規則第12条第7項第3号）

　上記の額に相違ないことを証明する。
　　平成○年○月○日

○県○市○町○丁目○番○号
○○株式会社
代表取締役　○○　印（注2）

（注）1　吸収合併により消滅する会社が複数である場合，各会社ごとに①から④まで
　　　　の額を記載するものとする。ただし，証明書はまとめて1通として差し支えあ
　　　　りません。
　　　2　登記所届出印を押印してください。

資料18　存続会社が１通の吸収合併契約書により複数の消滅会社との間で吸収合併をする場合の登記の取扱いについて

平成20年６月25日民商第1774号民事局商事課長通知

（通知）

　標記の件について、別紙１のとおり東京法務局民事行政部長から照会があり、別紙２のとおり回答しましたので、この旨貴管下登記官に周知方取り計らい願います。

（別紙１）

　１通の吸収合併契約書に基づきＡ株式会社が存続会社となりＢ株式会社及びＣ株式会社が消滅会社となる吸収合併をした場合であっても、吸収合併は、消滅会社ごとに各別に行われたものであることから、Ａについての吸収合併による変更の登記の申請は、各消滅会社ごとに行うべきであると考えますが、いささか疑義がありますので照会します。

（別紙２）

　本月13日付け一法登記一第643号をもって照会のあった標記の件については、貴見のとおりと考えます。

資料19 存続会社についてする増資を伴わない合併と目的の変更の登記を同時に申請する場合の登録免許税について

昭和58年11月29日民四第6780号民事局第四課長回答

【要旨】

　吸収合併した存続会社が増資を伴わない合併の登記と目的の変更の登記を同一の申請書により申請する場合の登録免許税は、登録免許税法別表第一・19㈠レにより金３万円である。

（照会）

　資本の増加を伴わない株式会社の合併と同時に目的を変更した場合において、右登記を同一の申請書をもって申請があったときの登録免許税は、登記事項の変更として、登録免許税法別表第一・19㈠レ（※）により金３万円を納付させれば足りると考えますが、至急御指示願いたく、お伺いします。

（回答）

　本月22日付け電信をもって照会のあった標記の件については、貴見のとおりと考えます。

※　現行登録免許税法別表第一・24㈠ツ

［筆者紹介］

石田　健悟（司法書士・法学博士）

（略歴）

1986年　愛知県生まれ

2012年　司法書士登録、翌年より出身地の愛知県春日井市にて開業
　　　　（現：石田司法書士・行政書士・社会保険労務士合同事務所）

2017年　神戸大学大学院法学研究科博士後期課程修了

2019年　株式会社ミライニ創業

〈主な著書〉

『資産承継・事業承継の実務―民事信託・遺言・任意後見・種類株式の活用―』（テイハン、2022年）

『相続放棄と限定承認の実務―相続の基本的な仕組みから相続財産管理人の活用まで―』（テイハン、2022年）

『離婚の実務―合意書・調停申立書・財産分与の登記申請書の書式と理論―』（テイハン、2022年）

『成年後見の実務―制度の基本的な仕組みから死後事務の執行まで―』（テイハン、2022年）

『民法と民事信託（理論編）―遺言、民事信託、任意後見の連携・棲み分け論―』（法論社、2018年）

吸収合併の実務
―中小企業間合併の法務を基本から―

2023年4月22日　初版第1刷印刷　　定価：3,630円（本体価：3,300円）
2023年4月28日　初版第1刷発行

| 不複 許製 | 著　者 | 石田　　健悟 |
| 発行者 | 坂巻　　徹 |

発行所　東京都北区　株式会社 テイハン
　　　　東十条6丁目6-18
　　　　電話 03(6903)8615　FAX 03(6903)8613／〒114-0001
　　　　ホームページアドレス https://www.teihan.co.jp

〈検印省略〉　　　　　　　　　印刷／三美印刷株式会社

ISBN978-4-86096-167-1